關節體操入門

給不常運動或討厭運動的人

中華全民運動健康管理協會◎策劃

蔡志一◎撰文

Contents

推薦序　04

作者序　06

Part 1　你對運動了解多少？

不運動，就是一種生活習慣病　10

運動好處多多　12

有什麼方式可以讓人想運動？　17

不要再找藉口不運動了　19

Part 2　關節靈活體操

關節靈活體操　22

　　從運動原理看「獨立性關節靈活運動」　24

　　從西方醫醫學理論看「獨立性關節靈活運動」25

　　從中醫醫學理論看「獨立性關節靈活運動」　26

　　從肢體活動分析關節運動　28

　　四個可動關節區　31

　　與一般關節運動有何不同　35

「獨立性關節靈活運動」原則　36

關節體操好處多多　40

　　好處一　達到全身運動效果　40

　　好處二　提升身體活動力指標　43

　　好處三　幫助你做身體檢查　44

關節體操怎麼做　46

開始自己做關節體操　48

　　手部關節運動　48

　　腿部關節運動　54

　　頭頸關節運動　61

　　軀幹關節運動　64

Part 3　**開啓原始動力**

善用上帝為你量身打造的身體　66

到處都可以做關節體操　83

工作時也要做關節體操　95

特殊族群的關節體操　98

臨床實驗調查結果　101

休閒生活運動法　106

常見的 Q & A　108

附錄

一週運動量檢查表　110

中華全民運動健康管理協會　111

天天做關節體操　112

運動是年齡的橡皮擦

「健康的基礎來自於適當而正確的運動」——相信大家都能同意這句話。運動與健康之間的關係，大家多已耳熟能詳，但是看看近幾年的相關報導或研究，仍然可以發現保有規律運動習慣的國人仍在少數，而不運動的理由往往不外是沒有時間，沒有適當而方便的場地，沒有人指導正確的運動方式，沒有興趣與動機……等等。

因此近年來不論是體育、醫學等等相關領域的研究者，或是休閒運動相關產業的規劃上，大都朝向研發使人們能夠運動的更有效率、更簡易方便，甚而更新奇有趣的方向去思考；而本書的目的亦然。志一本身就是一個愛好運動的人，在醫學與運動領域中浸潤已久，累積了多年的成果，而研發出「獨立性關節靈活運動」，希望以最簡單易學，而又確實有效的方式，讓讀者們都能不受時空限制的輕鬆自己做運動，同時藉由運動來達到舒緩身心，強筋健骨的效用。

元好問詩云：「鴛鴦繡出從教看，莫把金針度與人。」志一從事臨床教學多年，不但助人解除疾患，更不吝於提供自己的研究心血，可謂「要把金針度與人」。志一同時也是我們中華全民運動健康管理協會的理事及健美協會教練講習講師，除了平時的臨床教學工作之外，對於各項推廣運動或是健康促進活動的辦理也相當熱心，不遺餘力地提供協助。

本書簡明扼要地闡述了健康與運動的各類觀點，同時以淺顯易懂的圖文說明使讀者更了解運動與其重要性，相信看過本書的人都能更進一步地體會到運動與健康以及人的一生是如此地密不可分，而這也是本會所推行之宗旨。

中華全民運動健康管理協會　理事長
中華民國健美協會　副理事長

生活運動，全民健康

　　近年來，由於都市生活的便利性，使得人們身體的活動機會減少，而社會的複雜化與人們高度追求經濟物質，造成整個社會環境及價值觀產生強烈變化，甚而導致人們的身心都產生了問題。因此，對於身心具有影響力，且能使人們注意經營健康、樂意從事的生活運動，便更為重要了。

　　人不只為維持生命、生活而行動，更須豐富人生、充實生命，以求得身體或精神上的需求，並從其中去創造文化。運動，能帶來爽快、成就感、知性、快樂、與他人互動、使身心協調，保持健康、增進體力、並塑造青少年健全之人格。運動是促使每個人身心發達的本質，亦為達成富裕光明、充滿活力的社會主要依託。

　　蔡志一醫師擁有加拿大針灸師證照，為美國運動學院國際A級教練，也是台灣師範大學運動與休閒研究所的高材生，為人熱心，並擔任志工熱衷於救災工作。經由多年沉潛修練與教學、臨床經驗，根據實際情況發展出此套既具備運動安全又富教育性的安全運動。其設計概念乃綜合了運動醫學與身心治療、體適能治療、肢體傷害治療、復健治療及醫學工程臨床與肌肉運動訓練、伸展運動等，實為精心巧作。若能確切身體力行，對於個人、家庭及社會之健康均大有所益。

國立師範大學運動與休閒管理研究所所長

王宗吉

要健康，就要善待你的身體

　　自從民國九十年開始實施週休二日以來，國人休閒的時間增加，使用於休閒的消費增加，再加上政府大力推廣，休閒產業蓬勃發展，可供選擇的休閒層面也就越來越寬廣。但是，大部份國人卻缺乏足夠的休閒教育，對於休閒概念與休閒能力仍然停留在過去，而顯得不足。因此，雖然增加了休閒活動，卻未必能達到足夠的休閒品質，甚至在休閒活動中疲於奔命，非但不能好好調養身心，反而感覺越來越累。造成這種結果的一個相當重要的原因就是休閒能力的指標之一——身體活動能力——的缺乏。

　　談到身體活動能力，就得談到運動，可是目前國人運動人口比例仍然相當低。每當筆者對外教學時，總會向在場的學員提出一個問題：「何謂運動？」結果，有些人答不出來，其他人也都沒有固定的答案，可見民眾對於運動的概念是「不懂而裝懂」，甚至是模糊不清的，而懶於運動的人更比比皆是。

　　在台灣，健康教育約在中學畢業時就停止了，而之後的健康概念都零零落落不完整，有很多概念來自醫界報告，吃什麼補什麼、吃什麼可以醫什麼病……等，所以坊間才會出現一些神奇的養生食品，花再多錢都甘願，只為了要買到「健康」，殊不知醫療與健康不一定畫上等號。

　　依世界衛生組織（WHO）調查報告顯示，人類身體健康有60%以上是來自於個人的生活方式，而運動是促進健康的最佳生活方式之一。但是又為什麼有那麼多人寧願花錢，而不尋求最簡單又最便利的方式得到「健康」呢？

　　有鑑於此，筆者在針灸、推拿、休閒治療與體適能治療的實際臨床經驗、健康管理課程教學、體適能運動教學、健身教練教學及個人體適能訓練教學經驗中，設計了一套簡單、易學、易懂、易教的運動。這套運動包含站姿、坐姿、臥姿，是一套沒有年齡、性別的限制，也沒有空間限制（比如：車上、飛機座位、床上等等）的運動；甚至連身心障礙者（視障、聽障、中風患者等）都能夠學習

與操作。

　　本書所介紹的獨立性關節靈活運動，不需任何器材、場地、服裝、注意事項、費用……等瑣碎的事，只要開啟人類原始具有的能力，動用我們的關節，就可以達到運動的效果。讓讀者了解原來自己的身體就是最簡單基礎的運動器材，並對於過去不愛運動的人，給予補修健康學分的學習動力，希望「獨立性關節靈活運動」能給全民帶來健康，給社會帶來和諧。

　　本書將會舉例到實際生活上許多與人體身體活動能力相關的部份，讀者在閱讀或練習中，能體會到自己身體的活動能力狀況，以及自己在平常生活或工作中，身體活動是否有些缺失？

　　古語說：「工欲善其事，必先利其器。」我們的身體就是最基礎的運動器材，要想好好的使用它，就要好好的保養它、鍛鍊它並善用它。

Part 1

你對運動了解多少？

讓我們一起進入運動的世界裡，

探索真正的「運動」！

不運動，就是一種生活習慣病

　　現代人由於科技發達之便利，反而讓身體走向退化之路，未能好好善用上帝給我們生存於自然的軀體，讓不運動成爲一種新習慣。一旦習慣養成後，要改就很難了，於是有人寧願研究養生食譜、挨針被扎、節食少吃，就是不願意選擇「運動」。

　　正常人每天都有「身體活動」的活動量，我們也常看到一些有關身體活動所須消耗卡路里的表格。其實，只要我們多注意自己活動的方式與活動量，通常會發現自己也有動的一面。而一般所謂的運動，是有強度的區分的，目前最常用心跳率（Heart Rate：HR）來判定，但也因此，懶於運動的人會認爲運動會太劇烈而裹足不前。

　　國人嚴重缺乏正確且足夠的運動教育，加上錯誤的運動方式會帶來各種急性與慢性的運動傷害，使得運動人口增加的速度比一般開發國家的人口少很多；而不足的運動教育使大部份的人難以養成運動習慣，所以更無法快速增加運動人口。如此惡性循環，喜歡運動的人遠少於不喜歡運動的人，長久以來，變成一種社會現象，於是大部份的人也都習慣了。所以，不運動就變成一種「生活習慣病」。

　　所謂藥到病除，就是對症下藥，杜絕病兆復發，筆者認爲，不喜歡運動是一種「病症」，所以一定要根治，一定要把不做運動的原因找出來，再找出「藥」（好的運動方式），予以治癒。

不運動的理由：

✳ 沒時間！

✳ 運動會流汗，黏黏的！我不要！

✳ 我沒有運動細胞！

✳ 運動會讓我吃的更多更胖！

✳ 我也曾嘗試去運動，但沒有什麼效果！

✳ 沒有人教我運動，所以我不敢運動，怕做錯或受傷！

✳ 我以前很愛運動，但後來受了傷，一直都治不好！

✳ 運動太累人了！

✳ 我整天工作都在動，幹嘛再運動！

✳ 運動會讓我渾身肌肉，身材變形！

　　讓人不想運動的理由可真多！不過讓我們先看看運動有什麼好處後，再開始找出用什麼方式可以讓人想運動吧！

運動好處多多

　　大家都知道運動有益身心健康，但究竟它對我們有什麼幫助呢？運動的好處可分為下列五種。

好處一 身體的結構組成方面：

1. 減輕體重，尤其是脂肪產生的體重。
2. 矯正身體姿勢。
3. 保持身材苗條、避免大肚皮。
4. 增加全身關節軟骨的厚度。
5. 增加骨頭組織密度和支撐力量。
6. 減緩骨質的流失，避免骨質疏鬆症。
7. 增加關節和韌帶組織密度，以增加支撐力量。

和緩運動，可增加關節和韌帶組織密度。

好處二 身體機能與活力方面：

1. 增加全身肌肉力量及肌肉活動時的耐力。

2. 提高最大攝氧能力。

3. 提高無氧閥值、能維持較長時間的強度運動。

4. 迅速從很累的活動中恢復正常。

5. 幫助燃燒多餘熱量。

6. 增加關節柔軟度。

7. 讓心臟輸出血液更有效率。

8. 增強平衡性和協調性。

9. 提高運動競賽能力。

10.休息時，減低每分鐘的心跳率並保持代謝率。

肢體的伸展運動，可以解除身體的僵硬，促近血液循環。

好處三 疾病預防與控制方面：

1. 減低罹患心臟病、癌症、中風、胃腸出血的機會。
2. 增加心肌梗塞的存活機會。
3. 改善免疫系統的功能。
4. 控制高血壓患者血壓。
5. 幫你對抗感冒。
6. 減緩便秘。
7. 減緩偏頭痛或下背疼痛。
8. 舒緩氣喘症狀。
9. 讓身體組織對胰島素有效吸收而控制血糖。
10. 減低子宮內膜異位──不孕症最常見的原因。

活力的體操運動，可以強化免疫系統，增加身體的運作效率，有效預防及控制疾病。

好處四 生活安寧與舒適方面：

1. 提高性慾，性能力和性滿足。

2. 舒緩生活緊張所帶來的頭痛或其他疼痛。

3. 舒緩懷孕所產生的不舒服；如：腰酸背痛、心灼熱感和便秘。

4. 減緩和預防停經所產生的一些症狀；如：情緒煩燥、心灼熱感和睡眠擾等，以及減少停經後罹患心血管疾病、骨質疏鬆症、和肥胖症。

5. 幫你克服戒菸上的困難。

6. 減低因月經所帶來的疼痛。

7. 改善睡眠品質－香甜易入睡。

8. 幫你適應寒冷或赤熱的氣候和環境。

9. 提供更多活力和能量應付日常生活及處理突發狀況。

10. 幫你改善整體的生活品質、維持整體的健康概念。

規律又有節奏性的活動，所以產生更多的能量，適應和應付變化多端的社會環境，增加自信心。

好處五 提高精神與心智方面：

1. 改善年長者的短期記憶力及反應時間。

2. 改善焦慮症狀。

3. 增強創造力。

4. 改善心智認知品質。

5. 提高工作效率。

6. 提高決策判斷的品質。

7. 提高自信心和安全感。

8. 改善自己的身材形象。

9. 增進正面思想。

10. 增進情緒穩定性。

集「心智、精神、身體、三合一的運動，除了可以擁有外在健康的身體，還可以重新塑造行為模式，增進內在心理健康。

有什麼方式可以讓人想運動？

人類既然是「動」物，本來就應該就要動。為什麼有那麼多人都不愛運動？為什麼許多運動都那麼複雜？為什麼大部份的人對規律性運動的養成如此缺乏耐性？為什麼很少人認知人體就是最基礎的運動器材？為什麼學了許多種運動卻也忘掉許多運動方式？為什麼許多運動方式都過於複雜，甚至偏向哲學化概念或是分成許多門派？

事實上大多數的人並不是不想運動，而是對運動不了解或是對運動沒信心，也就是對自己的身體並不了解，不知道要如何好好地、安全地使用它。殊不知「最簡單的運動器材」就是自己的身體。其實，這是一種身心疏離的現象，近來常見到「全人健康」（Holistic Wellness）這個字，它的意義就是維持身心安定的狀態。但大部分的人認為身體其實有許多功能是不隨意的（如：心跳、反射等），也就是說非意識可以控制，因為身體會記憶個人的情緒、壓力、習慣，它有自己的智慧。所以身心學（Somatics）註強調身體覺察（Soma awareness）與身心合一，強調身體的內在體會，將身與心視為第一人稱來看待，身心就變成一個有不同情緒感覺的一個動態。指的是可變動的、柔軟的、一直隨時間及環境改變而有所調整的狀態，個人可以自覺到自己的情緒、感覺、動作和意圖。而不是將身體是為第三人稱，是一種靜止的、固定的狀態，以其外在的體裁和形狀大小被人觀察、測量和分析著。

人是自然界的一部分，想要在自然當中自由自在地生活，就得回歸自然。運動是最好、也是最能回歸自然的方法。

那麼，有什麼方式可以讓人想運動呢？要用什麼方法才能打動讓這些不喜歡運動、懶於運動的人，讓他們能夠喜歡運動呢？

各位應該已經看到前面所列出不喜歡運動的理由了，對於那些理由是否有種熟悉的感覺呢？其實任何一個不運動的理由，都只是藉口，大家心裡都有

數。想要運動，這世界上只有一種方法能做到，也可以真正根治不愛運動的毛病，那就是「改變心態」，只要改變心態，就能改變行為。改變心態不只在不愛運動方面上是個良方，在你的人生觀上，也是一種良方喔！

　　如果你的心態改變了，就要開始改善行為喔！依據筆者實際臨床治療與教學的經驗歸納出幾個結論：基礎運動需具備易學、易做、易教、沒有場地限制、沒有年齡限制、沒有身心障礙限制，甚至不需要強記，這樣的運動便值得大力推廣。所以筆者依照這些結論，發展出一套讓人們善用自己身體的運動——獨立性關節靈活運動，從現在起，開始試著改變往常不愛運動的心態吧！

注釋
Somatics（身心學）：一個重視身心合一，強調身體內在體會、反省與重新學習的新領域，學習尊重身體及身體智慧的體認，強調身心覺察的能力。
　　Soma：指有生命完整的活體。

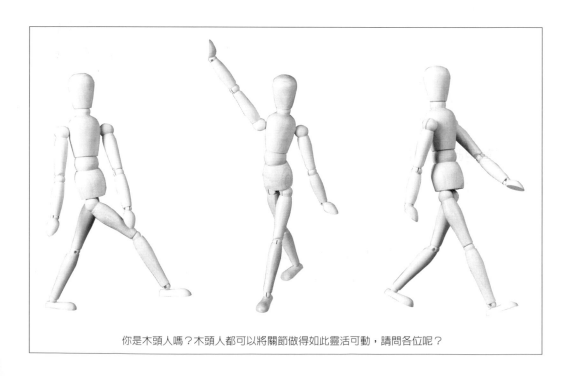

你是木頭人嗎？木頭人都可以將關節做得如此靈活可動，請問各位呢？

不要再找藉口不運動了

不論貧賤貴富，每個人每天都一樣有24小時，有些人認為時間永遠都不夠、有些人時間多的是，有些人雖然忙卻能利用時間管理，有效分配每一項事情，一點也不浪費時間。

效率管理大師告訴我們想要做好時間管理，做80/20法則就對了，只要把一天所有的事分成很「重要的」、「有點重要的」、「不重要的」，依序完成，輕鬆簡單就可以完成每天的工作。那請問「運動」該定義在那一種等級呢？是很重要的、有點重要的或是不重要的呢？或許這個問題可能難倒你了，時間不夠的人，一定沒有時間運動；而效率專家，因為懂得規劃時間，運動就算是被定義為不重要的等級，也會有規劃的把它完成；那麼時間多的人，就一定有很多時間運動了嗎？我想答案可不一定。

本書的「關節體操運動」之特色不只是易學、易做，還能時時刻刻地融入生活、工作、休閒每一處。只要你學過之後，必定對自己身體的活動能力更加瞭解。

現在，你還有藉口說沒時間運動嗎？

如何善用時間做獨立性關節運動

時間	動一動	效用
早晨起床	頭頸、軀幹關節運動	醒醒腦、扭扭腰
通勤時間	手腕、手指關節運動	讓手腳更靈活
工作時間	動作不要太大，動動關節	固定姿勢太久了，解除僵硬
休息時間	該是股、髖關節動的時候了	全身舒暢
睡覺前	躺著做關節運動，更有效	安心入眠

有些人對運動的觀念有點偏差，認為一定要選定某特定時間點去運動，才有運動的效果，或許正是因為如此，所以有些人會到健身房運動。但是，難道沒去健身房運動的人，就沒有運動的時間和動機嗎？

　　運動這回事，就是要利用自己的身體去動，去享受善用身體的感覺，而不是交給別人或交給機器幫你完成，只要你願意善用一天的些許時間做做運動，就能輕鬆達到運動的效果。

身體活動 VS 運動

身體活動（Physical activity）指任何一種消耗體能的身體動作，而這種動作是靠骨骼肌活動所產生，與體適能正相關。

運動（Exercise）是一種有計畫、有組織，一再重複並且有目的的身體活動，其目的是藉此改善或維持一個或多個健康的體能要求。

Part 2

關節靈活體操

什麼是關節靈活體操？

它和一般的關節運動有何差別？

關節靈活體操

　　人類身體的功能在展現時，分為隨意與不隨意的運動，有簡單的，有複雜的，加上每個人都有不同的個性、習慣，使不同的人都有一個不甚相同的身體動態。一般在健康檢查時，所量測的都以「血」為主，來檢測個人的器官是否有病變、疾病？健康程度如何？

　　許多實例顯示，許多人去健康檢查，所得到的數值都是安全值，但是卻不滿意，因為他認為自己身體健康可能有問題或有些症狀經常發生，健檢結果卻沒毛病，最後醫生說他可能缺乏運動，或是有些舊的運動傷害造成肢體功能感覺不順暢。那好了，缺乏運動，怎麼動？有舊的運動傷害，怎麼安全有效的運動呢？

　　在臨床治療與教學經驗中，常看到人體的問題除了真正屬於五臟六腑的問題之外，就屬關節或關節附近的毛病最多。一般人在進行身體活動（包含工作與特定的運動）之時，大多只使用局部肢體，而未能夠使用到全部肢體。這樣一來，就如同吃飯偏食一樣，沒有均衡的營養，久而久之，當然會出現毛病。加上我們的運動教育是如此缺乏，使得大部份的人都懶於從事足夠量的身體活動，而一些曾經是運動愛好者或運動健將的人，也因為受傷而減少運動或不再運動。

　　大多數人對於自我身體結構並不完全了解，因此在學習運動與進行運動時容易產生許多錯誤且不安全的動作，使得急慢性傷害的機率大為增加，降低運動學習者或參與者的身體活動能力，甚至會導致運動信心喪失、運動興趣與動機下降。

　　這些情形，都會反映在個人進行肢體活動之時，身體的活動度、靈活度與自我掌控度，以上三者之中只要一種以上有問題，絕對都與關節有關。其實，由人體構造來看，關節就是「瓶頸」，只要這些瓶頸有問題，身體表現與身體

活動功能自然不靈活不順暢，不管是生病、受傷或是運動不足，都會呈現出可動關節區域的問題。而這些問題如何解決？只要經常做些運動，每天全套操作（約7-10分鐘）一至兩次（早或晚），另外再加強平常感覺比較不靈活的區域。

因此，筆者經過多年臨床與教學經驗，根據實際情況發展出這套具備運動安全、有教育性、值得大力推廣的關節體操：「獨立性關節靈活運動」。多數的運動都缺少關節運動概念，筆者詢問過許多曾經學過其他運動的民眾，他們都一致認為過去所學這些運動難以專精。所以在有樣學樣的情況下，難以有深刻的記憶，原因就是對這些動作無法做有效的分解與分析。而獨立性關節運動能夠對特定的運動，如籃球、跑步、羽球、高爾夫球等做動作與技巧的分析。

本運動的設計發展概念來自於運動醫學與身心治療、體適能治療、肢體傷害治療、復健治療及醫學工程臨床與肌肉運動鍛鍊、伸展運動等。

此運動對指導者而言，是一項非常簡單而主要的教學入門工具，目前在中華民國健美教練課程中為指定教材；對學習者而言，可以從中對自己的關節靈活度、自由度、穩定度、負荷度等直接做檢測，去認知某些關節區（包含肌肉、關節、肌腱、韌帶）是否該進行治療、保養或多加練習。獨立性關節靈活運動與一般暖身運動與緩和運動有所不同，但可以作為暖身運動與緩和運動的替代，並加強各類準備運動與主要運動的效果。

從運動原理看「獨立性關節靈活運動」

　　人體在運動時，是利用槓桿原理（大部分爲第一或第三類槓桿），透過肌肉收縮的方式來完成。所以，人體的肌肉收縮功能是身體運動的力量泉源，身體內的一切變化，也皆由肌肉之活動而起。肌肉的活動造成力量的產出，關節則是力量傳達的樞紐，而此樞紐經常因不當使用或意外產生傷痛。

　　觀察人體的運動，常會爲它的複雜動作而驚奇。日常生活中，一切動作僅屬於人類最基本的動作與動作的組合。例如：走、坐、起身、蹲、屈、站、跑、跳、擲、舉、蹬、懸、游泳、搬運、負重及其他各種運動都會使用到肌肉的功能性，如作用肌、拮抗肌、協同肌、固定肌。並且也會表現內在的收縮方式，如等張（向心、離心）、等長、等速性收縮。

　　不過，肌肉功能作用與各類收縮的組合，在產生人體的運動時，就會與各類關節一起合作，產生運動表現。因此，適當關節的靈活度就顯得非常重要，因爲關節上有肌腱、韌帶這些重要的連接組織，負責將運動的力量作功與力量傳達並產生動作，如果關節靈活，運動就容易順暢且有效率。反之，則可能是有受傷或是疲勞使動作不順暢且效率不佳。

　　由此可知，人體在運動或活動之前，若能先做一套全身的關節靈活運動，就可以作爲下一步運動或活動前的暖身，可以藉此檢查人體身上某部位的軟組織是否過度疲勞或有損傷，當然，也可以作爲復健運動的方式。

　　其實，不論是東方式的動靜態運動或活動前後，如武功、氣功、打坐、瑜珈等，或是西方的動靜態運動或活動前後，如籃球、棒球、足球、冥想等，甚至是在上班前與下班後、睡覺前後，若能夠花幾分鐘的時間做一下簡單又容易的關節運動，絕對有助於人體的健康。

西方醫學理論看「獨立性關節靈活運動」

西方醫學對關節看的比較保守，尤其在頸椎部位，當有些問題或傷害出現時，西醫都會建議不可轉動頸部。筆者觀察發現，國人在頸部感到僵硬時，都會習慣性去轉動或甩動頸部，而且轉動或甩動速度都很快，所以常會因此造成傷害。這也是為何西醫不建議常轉動頸部的緣故。

另外，在西方運動醫學方面，髖部區（骨盆）是沒有獨立動作的，這是本運動最獨特的發現，這個發現使人體可動關節區域有上下的對稱（手足各五區，頭頸與軀幹各一區）。

舉例來說，現代人由於坐式生活方式佔了生活中的許多時間，使髖部區域及以下的腿部區域都因運動不足造成的退化或血液循環不順暢，使髖部成為「大瓶頸」，上下循環不順暢，生理功能與運動功能自然下降。另外，坐式生活或工作常是彎腰駝背，使頭頸區僵硬，軀幹部也是緊繃，自然血液循環不良且容易疲勞。

所以，如果要能夠簡單又有效的使血液循環改善，必須先使「瓶頸」打開，獨立性關節靈活運動就是一個簡單容易又有效的選擇，再加上它的操作原則是以「慢」動為主，不會有不適合的限制產生，西醫常對病人的關節傷處做出「不可動」或「不適合動」的建議，但實際上此運動卻可以使循環改善，使關節靈活，並使復原時間縮短。

從中醫醫學理論看「獨立性關節靈活運動」

發展此運動的依據之一是來自中醫針灸臨床試驗，而談到針灸，就要談到人體經絡系統與穴道及人體的氣血循環，人體的健康狀態來自於人體經絡與氣血循行正常與足量，也就是「陰陽平衡」。臨床發現，有些人體穴道在人體「可動關節區」的區域，臨床上經常在這些區域進行治療。因此可證明出，身體若有不適的狀態時，這些關節區域都會產生瓶頸，導致不靈活，使氣血循環不順暢，陰陽失調，產生疾病或虛弱現象。

經過長久的臨床試驗及教學經驗歸納出，只要加強活動各個獨立區域之可動關節，全身運動的氣血循環就較容易暢通，身體的活動度、靈活度及掌控度都相對提高，也就是「有效的運動」。

古醫云：「若要常安，足三里常不乾。」足三里是大家常聽到的人體重要穴位，它是胃經上的一個穴位，位置在膝下脛骨旁側近膝關節處，若經常刺激

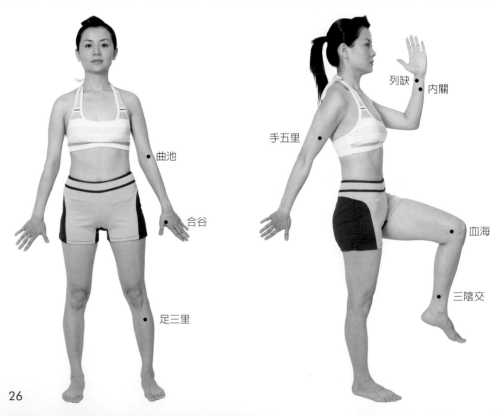

這個穴位，會使有高血壓或低血壓的患者回復正常血壓，使腸胃不適者腸胃順暢，常進行運動的愛好者運動成效提高。

另一個常見之穴位「合谷」，此穴位於虎口處，它的刺激效用在止痛、減緩與解除面部與口部的病症。以上兩個穴位，也是常用保養之穴位，使用針灸刺激或常做手指及膝部獨立性關節運動，也可以達到相同的效益。

由於中醫治則上並非頭痛頭，腳痛醫腳，經常是頭痛醫腳，腳痛醫手或是使用複方的中藥來對病體做調理。但不論使用那一種中醫治療的方式來處理，都離不開經絡氣血與陰陽，而人體的健康態是一種相對的平衡與調和，關節所扮演的角色是「硬體」，做獨立性關節運動是要將氣血循環的效能提高，也就是將所操作的「可動關節區」之「軟體」（如肌肉、肌腱、韌帶等連接組織與神經血管等等）系統順暢運作。最大的作用除可以治療以外，還可以做保養，檢查與預防疾病與降低傷害風險。

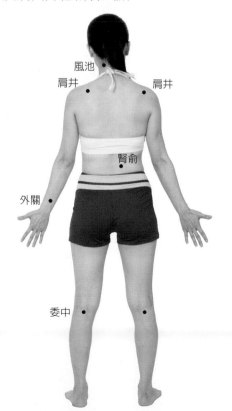

古醫云：

頭頸尋列缺
面口合谷收
腰背委中求
肚腹三里留
心胸取內關
婦科三陰交
阿是不可求

從肢體活動分析關節運動：

　　獨立性關節靈活運動以「可動關節區」作為運動區域，獨立進行，由於是人體結構的樞紐，因此不必記憶其所在位置之肌肉名稱或運動名稱，也因此，此運動可以做為各種運動的簡單分解與分析，使學習者在學會此套運動之後，學習其他種類運動，可以更容易學會與熟練。

　　以走路為例，頭頸部（Ａ）與軀幹部（Ｃ）基本上是不動的，只有手區（Ｂ）與足區（Ｄ）的動作。

　　做健身的肌肉運動，是以（Ｂ）區、（Ｃ）區、（Ｄ）區為主要肌肉運動區段，如此除可易於設計運動處方之外，操作者也容易學習與記憶。

運動區段：

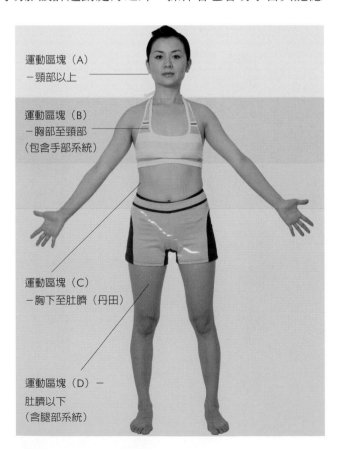

運動區塊（Ａ）
－頸部以上

運動區塊（Ｂ）
－胸部至頸部
（包含手部系統）

運動區塊（Ｃ）
－胸下至肚臍（丹田）

運動區塊（Ｄ）－
肚臍以下
（含腿部系統）

從四大可動關節活動區分析關節運動：

　　1. 手臂系統：手指、手腕、手肘、肩、肩帶。

　　2. 腿部系統：腳趾、腳踝、膝蓋、髖、髖帶（骨盆）。

　　3. 頭頸部：頸椎、胸椎上段。

　　4. 軀幹部：胸椎下段、腰椎。

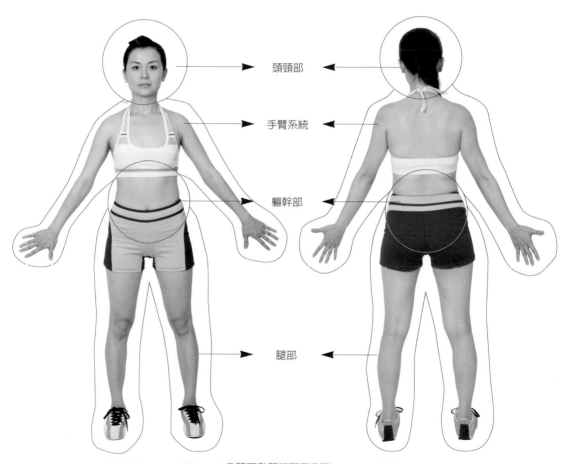

身體可動關節區示意圖

壓力所造成的病症常在這四個可動關節區

　　頭頸部：頭痛、頭暈、耳鳴、眼睛疲勞、神經性咳嗽、梅尼爾式病、歪頸、脖子緊。

　　頭頸以下、胸部以上（包含雙手）：頸肩臂症候群（肩膀酸痛、手腳麻痺）、支氣管氣喘、高血壓、心律不整、心肌梗塞、狹心症。

　　胸部以下、肚臍以上：胃與十二指腸潰瘍、慢性肝炎、壓力性斑疹、下背痛。

　　肚臍以下及雙腳：過敏性大腸症候群（下痢、便秘）、性無能或月經不順、皮膚癢、膝無力。

以身心醫學來看獨立性關節運動

身	心
臉與頸部	自我意識核心
頸部喉嚨與下顎	溝通的媒介
肩膀與手臂	行動訊號
胸膛	感情的表達
腹部及下背	情緒工廠
骨盤	生存的原始能量
腳與腿	心理支持

四個可動關節區

1. 手臂系統（手指、手腕、手肘、肩、肩帶）。

手指動作：以抓、收、放爲主要動作。運動部位：手前臂肌肉區。

手腕動作：以旋轉爲主。運動部位：前臂肌肉、手腕部肌腱區。

手肘動作：以旋轉爲主。運動部位：肘部肌腱、韌帶及上臂肘端的肌肉區。

肩部動作：以旋轉爲主。運動部位：肩部區肌肉、肌腱、韌帶區。

肩帶動作：以往前轉及往後轉爲主。運動部位：鎖骨與肩胛骨區域的肌肉、肌腱、韌帶區。

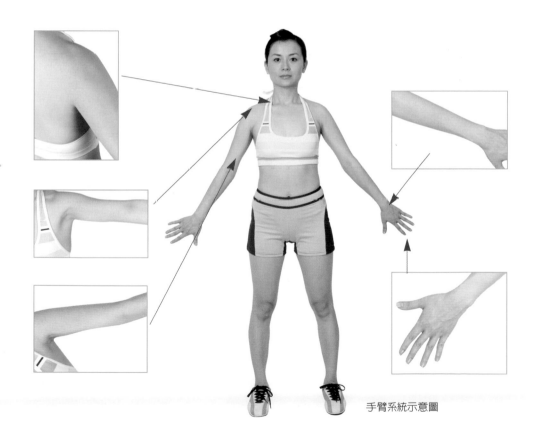

手臂系統示意圖

2. 腿部系統（腳趾、腳踝、膝蓋、髖、骨盆）。

腳趾動作：以抓、收、放為主。運動部位：腳掌肌肉、肌腱、韌帶區及局部踝部韌帶及阿基里腱。

腳踝動作：以旋轉為主。運動部位：小腿肌肉、踝部周圍的肌腱、韌帶區。

膝蓋動作：以旋轉為主。運動部位：大腿肌肉及局部膝關節周圍的肌腱、韌帶區。

髖　動　作：以旋轉為主。運動部位：臀部肌肉及局部大腿近臀端肌肉、肌腱、韌帶區。

髖帶（骨盆）動作：以上提後旋轉為主。運動部位：骨盆及局部臀部周圍肌肉、肌腱、韌帶區。

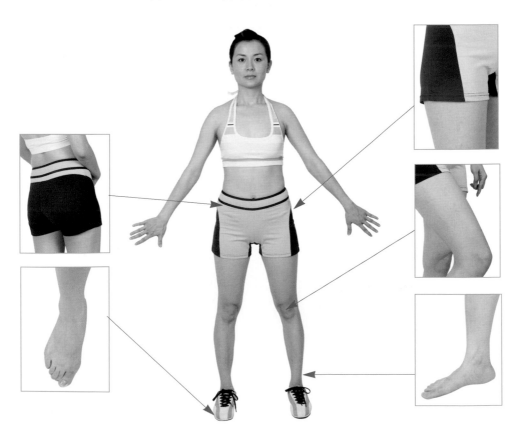

3. 頭頸部（頸椎、胸椎上段）。

頭頸動作：順時針及逆時針交叉慢速旋轉。運動部位：頭頸部及胸椎上段之肌
　　　　肉、肌腱、韌帶區。

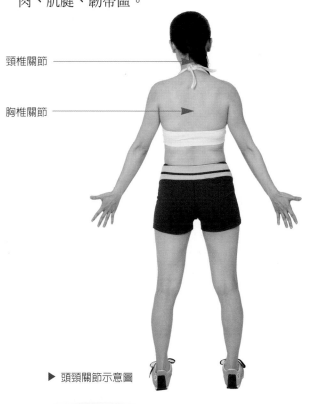

頸椎關節

胸椎關節

▶ 頭頸關節示意圖

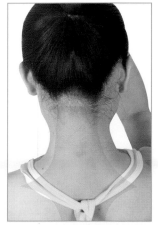

▶ 頭頸後面

▶ 頭頸正面

4. 軀幹部（胸椎下段、腰椎）。

軀幹動作：順時針及逆時針交叉慢速旋轉。運動部位：胸椎下段、腰椎周圍之
　　　　　肌肉、肌腱、韌帶區

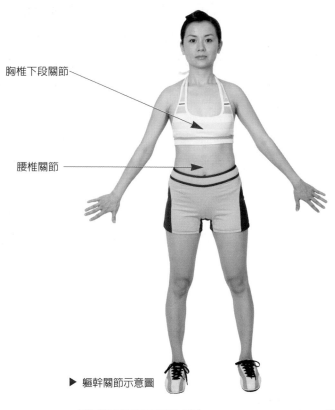

胸椎下段關節

腰椎關節

▶ 軀幹關節示意圖

▶ 正面：頸部以下，臀
　部以上，胸椎下段，
　腰椎周圍

▶ 背面：頸部以下，臀
　部以上，胸椎下段，
　腰椎周圍

與一般關節運動有何不同？

　　一般我們在運動的時候，都是複合式的關節運動，並未注意我們到底動了哪些位置與哪些區域，也就是未注意到我們運動的動作到底動到了哪些關節，所以未能分析與記憶所從事的運動或活動。常見到有很多人說他有在做哪些運動，可是要他表現一下卻做不出來，這是因為平時並未注意自己的可動關節有哪些區域或部位，所以難以記憶所學過的運動或動作，而「獨立性關節靈活運動」，可以使我們對所學過的運動或動作簡單的做分析與記憶，如此，也更容易使我們能享受運動的樂趣。

　　記不記得，以前我們在做熱身操的時候，也都是一些使關節靈活的複合式關節操，但是試問你自己有幾個動作還能記得並且操作？尤其如果不常運動或是討厭運動的人，那就更不用說了。但獨立性關節操作，不需要記、而且它沒有前後順序的限制，比如：操作手臂系統：指→腕→肘→肩→肩帶，你可以自行改成肩帶→肩→肘→腕→指，或其它順序，只要你能全部做到，就達到了「關節靈活」的效果了！

「獨立性關節靈活運動」原則

　　身體不管是在動作或靜止的狀態，都會運用到關節，而且是「複合式」的關節動作。但是，如果人體的關節不夠靈活，在動作或靜止的時候會發現動作不順暢或姿勢不良。整套體操做完之後，您將會有全身氣血暢通的感覺，因為，被譽為「瓶頸」的關節，都一一被打開了。

❶ 站立時，二隻腳平行站立，與肩同寬或略寬。

❷ 重心保持穩重，操作過程中，除軀幹與頭頸部位運動時使脊椎位置有移動外，其餘動作以脊椎為主線，與地面保持垂直。

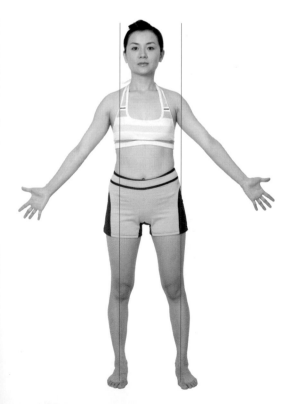

❸區域獨立：每一關節區動作操作時，其餘關節區動作務必保持固定，以免產生額外動作，失去單獨性。在錯誤圖示中的動作，動頭頸部時，連頸部以下的部位也在動。但不過如果你做不到獨立運動，就順其自然慢慢去打開關節，千萬不要把自己變成「機器人」喔！

▲ 正確：只要動頭頸部　　　　　　　▲ 錯誤：不應該上半身都動

❹ 關節旋轉

關節動作以旋轉爲主要動作，分順時針與逆時針，若時間允許可以在關節活動後加入「米」字動作。此「米」字動作，可以用「寫」的方式的動作或用「八個方向」來進行，記得「慢工出細活」。如此才能深層伸展與靈活每一個可動關節區。

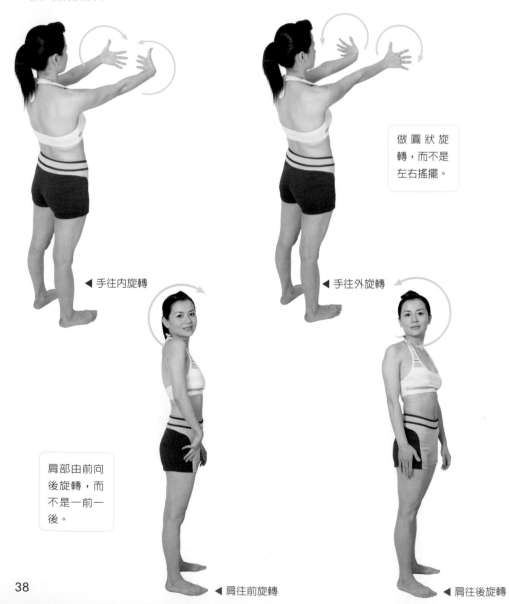

做圓狀旋轉，而不是左右搖擺。

◀ 手往內旋轉

◀ 手往外旋轉

肩部由前向後旋轉，而不是一前一後。

◀ 肩往前旋轉

◀ 肩往後旋轉

❺ 手指與腳趾爲用力抓與用力放。

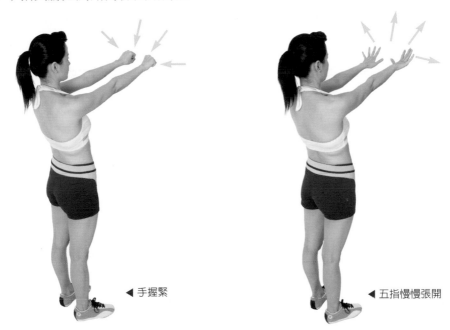

◀ 手握緊   ◀ 五指慢慢張開

❻ 以慢速動作來達到深層關節與軟組織運動。

　由於慢速動作,所以每拍以1~1.5秒爲基準,慢工才能出細活。

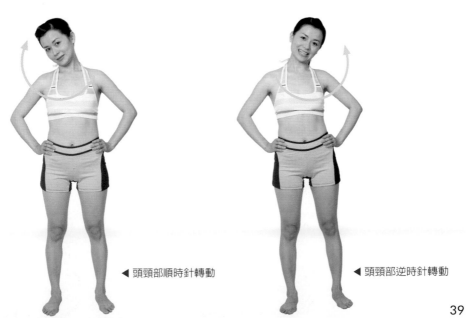

◀ 頭頸部順時針轉動   ◀ 頭頸部逆時針轉動

關節體操好處多多

其實做運動不一定非得滿頭大汗，才叫做有效的運動。獨立性關節靈活運動就是一種既不大量流汗又不喘氣，感覺好像只是在動，而不是運動，究竟在關節處做運動有什麼好處呢？

好處一　達到全身運動效果

1. 可作為任何運動或活動之前的準備動作。

   效果等同暖身運動 ㊟，也可以做運動前關節檢測，作用是在正式運動前加強某些部位的暖身。

2. 高柔軟度使肢體更容易作伸展。

   關節瓶頸處鬆開。

3. 提高體溫使肢體更容易作伸展。

   活絡氣血循環順暢、神經傳導更有效率。

4. 提高肢體肌力與耐力。

   活動力、掌控度及靈活度指數上升

5. 使淋巴液流動更為順暢。（淋巴結多在關節區域）

6. 降低可能性運動或活動傷害。（故此運動是安全運動）

   做運動處方運用在強化運動傷害復健及預防。

   身體局部疲勞（慣性）比全身疲勞還難解，手足的抓與放及漏斗式的關節旋轉會造成堆積在各個可動關節區的疲勞釋放，縮短疲勞恢復的時間。

7. 對全身可動關節與軟組織有運動的效果。

   做關節運動同時產生肌肉、肌鍵及韌帶收縮與放鬆。

8. 使需復健的傷處更容易復原縮短痊癒時間。

   關節瓶頸處鬆開，使氣血流動順暢，加速運動傷害部位得到更多的營養，縮

短療癒時間。

9. 可以作爲健康操來施行。（每次全套做完爲7-9分鐘）

10.使全身運動系統的軟組織做均等活動。

　　獨立性慢慢地做可以深層並完整地全身可動關節區都動到。

　　注釋

　　在做任何一項運動之前，「暖身運動」是不可免除的，如果只是隨便動二下便結束暖身運動，結果不但使運動的效果打了折扣，更會引起運動過後的肌肉區的關節疼痛。而獨立性關節運動可以幫助伸展開身體的各個肌肉群、關節和韌帶，並增加身體的溫度，以適應較激烈的主運動，避免運動傷害的發生和肌肉酸痛。

活動度

靈活度　　　　　　　　　掌控度

好處二 提升身體活動力指標

體適能（Fitness）是指人體適應環境的能力，也是身心健康的外在表現，此名稱由歐美開始流行，它與健康（Health）是相輔相成的。

體適能在做檢測時，都以肌力（Strength）、耐力（Endurance；包含肌耐力、心肺耐力）、柔軟度（Flexibility）為主要檢測項目。另外還有身體組成（Body Composition）來量測身脂肪量與體格型態。

說到活動度、靈活度與掌控度則是與體適能治療（Fitness Therapy）有關，因為不同的人有不同的體適能，而不同的體適能就會有不同的身體活動度、靈活度與掌控度。舉例說明，步行是一種輕度身體活動，它不需要足夠的靈活度與活動度，但需要足夠的掌控度以便順暢穩定的步行。而提重物或移動重物，需要有足夠的活動度與掌控度，而不大需要靈活度。

所此，此三者在不同的身體活動需求中，扮演了如黃金三角的角色，良好的體適能缺一不可，所以，在進行體適能治療時是以此三者來進行運動處方的設計。

活動度是一個人身體的活動能力指標，與肌力、肌耐力、心肺耐力直接相關，活動度好的人體能好，有比車子好的耐力，而能進行比較長時間的身體活動。靈活度是一個人在進行身體活動時動作是否柔軟？是否順暢？是否活動範圍大？活動角度正常沒有障礙？靈活度好的人可以進行較高難度或動作較大的身體活動。掌控度是一個人對控制自我身體動或靜運作是否得當的能力，比如說，單足站立、吊單槓、正確站姿、坐姿等。良好的掌控度可使一個人能以靜制動，也就是良好的製造與控制身體活動與動作的能力。

關節體操怎麼做？

　　帶著自己的身體，在手、足、頭頸、軀幹的可動關節做，有多少區做多少動作，完全不必記誦。

　　大多數的人認為運動需要大動作，會流很多汗，而且很累，然而獨立性關節靈活運動操作非常方便，具備系統性與檢測性，在操作時能立即體驗，不論是由自己來進行同時或他人為你操作，都有促進健康與活絡關節的效果。

1. 站姿：任何可站立處，站立時兩腳平行腳尖向前。
2. 坐姿：坐在辦公室、教室、或搭乘汽車、火車、捷運及飛機等。
3. 臥姿：躺在床上或地板上。
4. 可以幫不能自己活動的人操作（如：中風、癱瘓、長期臥床、需坐輪椅者等）。

要怎麼幫別人做呢？

臥躺時，1人用手抓另 1 人的腳踝關節轉動。

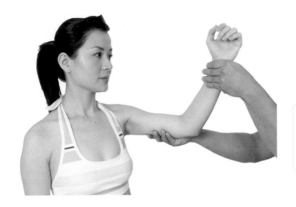

站立時，1人用手抓住另1人的手腕關節轉動。

坐時，1人用手抓另1人的肩關節轉動。

47

開始自己做關節體操

本運動分四個部份：1.手部、2.足部、3.頭頸部、4.軀幹部，建議從手部開始、接著足部、頭頸、最後是軀幹。

手部關節運動：

手部關節運動的操作順序可由肩帶往下做，也可由手指往上做，重點是要系統操作，才能活絡整個手部關節系統。

要領

節拍皆8*4拍，分成指部關節用力放鬆8*2拍，與指部關節用力握拳8*2拍、腕、肘、肩皆為向內轉動8*2拍，再向外轉動8*2拍，肩帶部份為向前轉動8*2拍，再向後轉動8*2拍。

1.手指－用力握、放

指部要用力握與用力放，因為指部是手部系統的末端，也是循環的終點，要多做這個類似幫浦的動作，使末端血液循環維持順暢。

速度：慢速，完成一個動約七秒鐘（數拍子12345678），快速動是在已經相當靈活之後。

時間：最好是雙手一起做，要做幾分鐘，才有運動的效果。

動作：手指用力抓，再用力張開。

▲ 1、握

▲ 2、放

▲ 3、伸直

1. 腕—向內、向外旋轉

　　腕旋轉時，手指要張開不彎曲，使腕獨立旋轉，才能深層靈活到腕區域關節。腕部是人體經常受傷的區域之一，常見操作者左右手腕轉動並不平均，因為大多數人每天的腕部活動只是上下左右為主，很少做旋轉動作，因此才會不靈活，所以要多做此區域之動作。

速度：慢速，完成一個動作（轉一圈）約七秒鐘。

時間：最好是雙手一起做，要做幾分鐘，才有運動的效果。

動作：手指伸直張開靜止不動，手掌旋轉向內；手掌旋轉向外。

▲ 1、向內旋轉　　　　　　　　　　▲ 2、向外旋轉

2.肘－向內、向外旋轉

肘部是手部系統活動度最少的區域，也是運動或勞動傷害常見部位，千萬不可輕忽。不少操作者於肘部運動操作時會有疼痛感，記住指、腕皆要固定，肩部也要固定，只能獨立動肘部。（此動作會牽動到肩三角肌之部位，所以容易使肩關節不易固定）

速度：慢速，完成一個動約七秒鐘。

時間：最好是雙肘一起做，要做幾分鐘，才有運動的效果。

動作：手指、手腕固定不動，前臂向內做旋轉，再向外做旋轉。

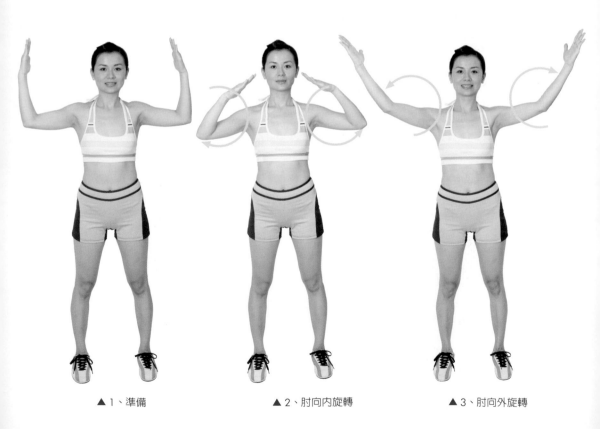

▲ 1、準備　　　　　　　▲ 2、肘向內旋轉　　　　　　▲ 3、肘向外旋轉

4.肩－向內、向外旋轉

　　手臂伸直，肘不可屈曲，做大臂繞環動作，一般肩關節的活動度是手臂系統最好的，但如果是在侷限的空間裡（如車內、飛機上），可以將雙手向前伸直，再進行漏斗般旋轉的運動，記得一樣要區域獨立！

　　若環繞時有摩擦聲或雜音，表示您平日在使用此區域時未做到足夠的靈活動作，使此區域循環不夠順暢。

速度：慢速，完成一個動約七秒鐘。

時間：最好是雙肩一起做，要做幾分鐘，才有運動的效果。

動作：手指、手腕、手肘固定不動，整隻手臂伸直先向內作旋轉，再向外做旋
　　　轉。

▲1、肩向內旋轉　　　　　　　　　　　　▲2、肩向外旋轉

5. 肩帶－向前、向後旋轉

　　先往上提肩，再往前或往後旋轉。操作時，注意頭顱部位切勿往前或往後傾。如果有任何感覺不靈活的方向，就要常做此運動。許多人常有駝背或聳肩的習慣，所以易造成雙肩與頸部區域僵緊痠痛，記得操作此動作一定要又深又慢，將肩帶區域整個動一動。

▲ 1、預備動作　　　　　　　▲ 2、肩往上提　　　　　　　▲ 3、肩帶向前旋轉

速度：慢速，完成一個動約七秒鐘。

時間：最好是雙肩帶一起做，要做幾分鐘，才有運動的效果。

動作：手指、手腕、手肘固定不動，手臂伸直放鬆，雙肩上提→向前做旋轉→
　　　回到原位→雙肩上提→向後旋轉。

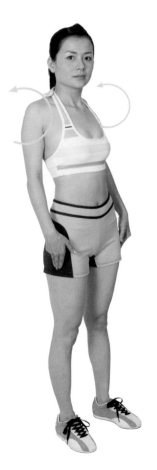

▲ 4、肩往上提　　　　　　　　　　　▲ 5、肩帶向後旋轉

腿部關節運動：（五種區段:趾、踝、膝、髖、髖帶）

　　腿部關節運動除站立姿勢必須一次只能操作單腿關節，坐姿或躺臥姿則可兩腿一起做，順序可由趾往上做，也可由髖帶往下做，其中髖帶運動是本運動最獨特的發現，但也是一般人比較不容易操作的區域。

1. 腳趾關節運動－向上、向下

　　腳趾抓握的方式與同手指抓與放的動作相同。大多數人都忽略腳趾的重要性，比如走路腳趾未踩到地，或是只踩一兩根腳趾，造成使用不均衡的問題。其實，如果人沒了腳趾，許多身體活動（如：跳躍、快跑）便無法順利完成。

速度：慢速，完成一個動作約七秒鐘。
時間：約幾分鐘，才有運動的效果。
動作：腳指用力抓，再用力張開。

▲1、準備　　　　　　　　　　　　　　　▲2、握緊

要領

節拍與順序同手部，足部
操作，除坐姿可以一同操
作之外，一般由右腳或左
腳擇一開始做。

▲ 3、張開

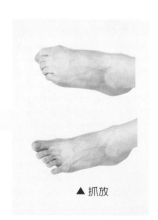

▲ 抓放

2. 腳踝關節運動－向內、向外旋轉

　　腳踝靈活，走路就順暢，運動感覺也會很舒服。腳踝是最常見到受傷的區域，但大多數人並未完全治癒，總是慌忙中造成扭傷。所以，腳踝的靈活度特別重要，尤其是受傷後，容易使步行變成錯誤的方式，而造成更嚴重的後遺症。

速度：慢速，完成一個動作約七秒鐘。

時間：約幾分鐘，才有運動的效果。

動作：腳趾伸直不動，腳掌向內做旋轉→腳掌向外旋轉。

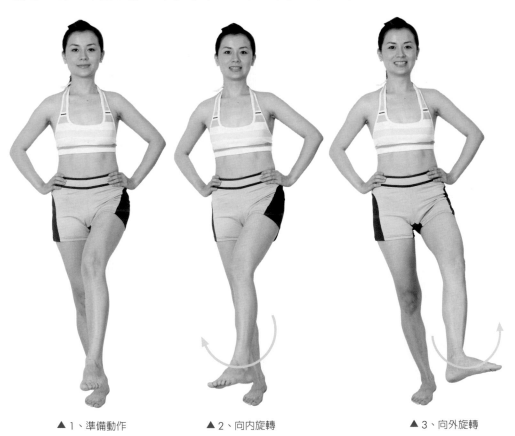

▲ 1、準備動作　　　　　　▲ 2、向內旋轉　　　　　　▲ 3、向外旋轉

3. 膝關節運動－向內、向外旋轉

　　膝關節是人體最大的可動關節，一旦受傷對人的身體活動會有極大影響。膝關節靈活，無論上登、下蹲都會非常容易，否則，做這些動作時會有障礙。許多人膝部受傷後也都未能治癒，造成退化或摩擦，這些都是膝部兩側側副韌帶肌腱出了問題，如：太緊或緊縮僵硬。

速度：慢速，完成一個動作約七秒鐘。

時間：約幾分鐘，才有運動的效果。

動作：腳趾、腳踝不動，小腿抬高旋轉向內→旋轉向外。

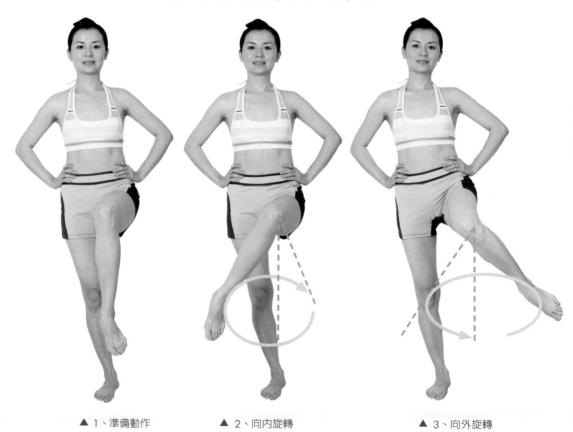

▲ 1、準備動作　　　　▲ 2、向內旋轉　　　　▲ 3、向外旋轉

4. 髖關節運動－向內、向外旋轉

　　大腿伸直，它的動作就如同肩關節一樣，這兩者同樣靈活，但是受傷後卻都很難痊癒，所以平時便要注意保養與強化喔！許多女性在此區域常有肥胖或水腫現象，表示此區氣血的循環不良，建議要多做做。

速度：慢速，完成一個動作約七秒鐘。

時間：約幾分鐘，才有運動的效果。

動作：腿伸直，旋轉向內→旋轉向外。

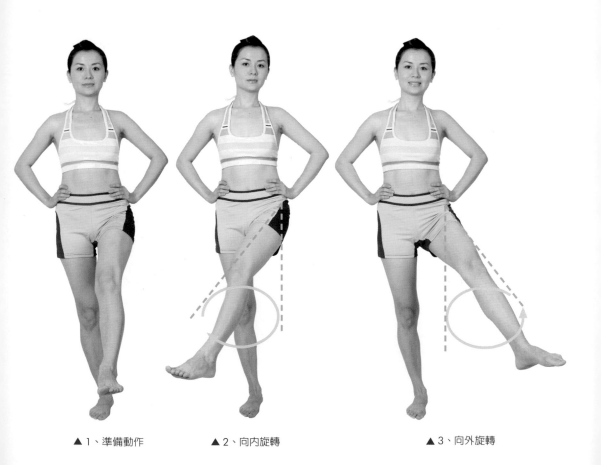

▲ 1、準備動作　　　　　▲ 2、向內旋轉　　　　　　　▲ 3、向外旋轉

5. 髖帶關節－向前、向後旋轉

　　這個動作是全部可動關節中最難操作的，許多人很驚訝此部位居然可以動。這個區域與泌尿系統、生殖系統都直接相關，再者，它也接通了上半身與下半身的循環。大部份的人這個區域並不靈活，是全身關節系統最需要加強的部位。（動作要領與肩帶關節相同）

速度：慢速，完成一個動作約七秒鐘。

時間：約幾分鐘，才有運動的效果。

動作：站姿：臀部上提，向前旋轉→往前做旋轉狀→回到原位，臀部上提→往後做旋轉狀。

坐姿：腿伸直，腳跟向前頂出，臀部向前向後，使腿部向前向後之直線運動。

▲ 1、準備動作　　　　▲ 2、臀部往上提　　　　▲ 3、骨盆向前旋轉

▲ 4、臀部往上提　　　　　　▲ 5、骨盆向後旋轉

頭頸關節運動

　　肩頸僵硬是人們常見的症狀，但多數人都用錯誤的方式來做放鬆與舒緩的動作，這樣其實很容易受傷。在做頭頸運動的時後宜保持慢慢伸展的感覺，常有人說醫師告訴他頸部有問題時不能動，這是錯的，慢慢動就是安全的方式。

速度：慢速，完成一個動作約七秒鐘。

時間：約幾分鐘，才有運動的效果。

動作：兩眼注視前方手叉腰→頭往下，下巴略站前胸→順時針方向旋轉繞環→
　　　逆時針方向旋轉繞環。

▲ 1、準備動作：叉腰　　　▲ 2、頭頸部先往下　　　▲ 3、再慢慢順時針向右
　　從順時針開始做　　　　　　　　　　　　　　　　　　轉

▲ 4、再慢慢的往後仰

▲ 5、再慢慢往左轉

▲ 6、再慢慢往左前轉

▲ 7、回到往前俯

▲ 8、回到原點
逆時針再做一次喔！

要領

慢慢做，先順時針轉動8*2
拍，再做逆時針。
轉動8*2拍，注意身體不可
移動。

軀幹關節運動

　　這個動作目的在靈活腰椎與胸椎下段周圍之組織，許多人認為自己很挺（挺腰），但都是在做收下背的動作，所以常可見到其下背或腰椎內陷的狀況，這是不正常的現象。其實挺腰只需要收腹即可。

速度：慢速，完成一個動作約七秒鐘。

時間：約幾分鐘，才有運動的效果。

動作：兩腿伸直與肩同寬，肩部保持水平，腹部向前移→做腰腹部順時針旋轉繞環→做腰腹部逆時針旋轉繞環。

要領

同頭頸，身體雙肩不可上下擺動，兩腳打直。

▲ 1、準備姿勢　　　　　▲ 2、順時針方向繞環　　　　　▲ 3、逆時針方向繞環

Part 3

開啓原始動力

關節靈活運動很簡單吧！

讓我們把它運用在日常生活中，

現在就開始動吧！

善用上帝為你量身打造的身體

安全有效的使用自己的身體，可以節省能量的消耗與善用消耗的能量，讓自己的身體更好、更耐用。

檢查姿勢

正確的姿勢是預防運動或勞動傷害的最佳方式之一，錯誤的姿勢會產生許多傷害與病變，然而也可能只是骨骼肌肉張力不均而使人誤認為自身骨骼病變或脊椎彎曲不正。

所以，姿勢檢查就相當重要囉！在前面各位學會了獨立性關節靈活運動之後，必定會發現您可能有些區域不大靈活或有些問題，各位就趕快為自己評量一下吧！

以下有十種評估方式讓各位做自我姿勢檢查，以10分滿分，請自行評估後寫下你的分數喔！

1.筆直的站立

▲ 正面　　　　　　　▲ 側面　　　　　　　▲ 後面

〈自我探點法〉

把十點定為滿點，你能做準幾點呢？請不妨記下。

自我檢查重點：

1. 脖子是否左右傾斜？	□ 是（0）	□ 否（1）
2. 下巴是否向上？或前突出？	□ 是（0）	□ 否（1）
3. 左右肩是否保持水平？	□ 是（0）	□ 否（2）
4. 鼻子、喉結區、肚臍是否在身體正面中線上？	□ 是（0）	□ 否（2）
5. 股關節、膝關節、踝關節是否在同一直線？	□ 是（0）	□ 否（1）
6. 側面看耳朵是否在肩的正上方？	□ 是（0）	□ 否（1）
7. 胸部與臀部是否成兩條平行的直線？	□ 是（0）	□ 否（1）
8. 耳、肩、腰、膝、踝是否是一直線？	□ 是（0）	□ 否（1）

加加看你得幾分 ＿＿＿＿＿ 點

重心的檢查要點

1. 如果以上答案皆為是，檢查一下重心有正好在腰上嗎？
2. 感覺一下體重是否均勻分配在左足與右足上？
3. 足底前後做左右的平衡性好嗎？是否曾經扭傷腳？
4. 左腳與右腳展開程度是否一致？這個動作與髖帶靈活有關。
5. 胸部是否過份的往後弓？這個動作與與肩帶靈活有關。

經常發生的錯誤是

1. 胸部過分前挺
2. 肩部用力（肩頸緊）
3. 腰過分後弓，形成凹陷（長期易致腰痛）

2.走十步

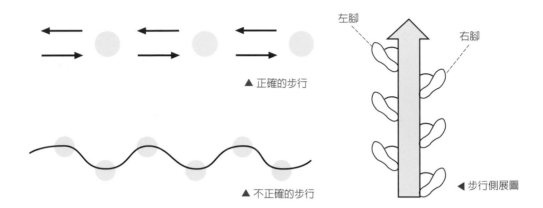

左腳　　　右腳

▲ 正確的步行

▲ 不正確的步行

◀ 步行側展圖

腳尖向左或向右為個人之習慣或曾經受過傷害的經驗所造成，兩側對中線的夾腳不平均表示身體重心不在中線上，身體會容易邊走邊搖晃。

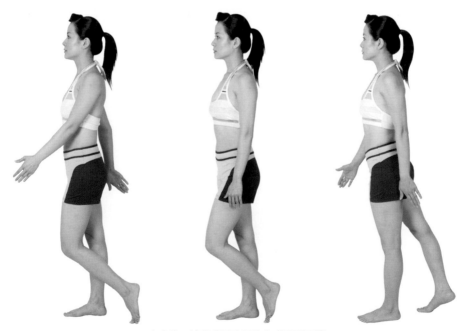

走十步，檢查自己步行的方式正不正確

步行自我檢查重點

1. 哪一腳先邁出？	☐ 左	☐ 左
2. 下巴是否向上？	☐ 是（0）	☐ 否（1）
3. 脖子是否向左或向右傾斜？	☐ 是（0）	☐ 否（1）
4. 肩部是否向左或向右搖晃？	☐ 是（0）	☐ 否（1）
5. 腰是否向上或向下移動？	☐ 是（0）	☐ 否（1）
6. 左腳與右腳腳尖之側展是否相同？	☐ 是（0）	☐ 否（2）
7. 能夠以正確的姿勢後退嗎？	☐ 是（0）	☐ 否（2）
8. 分布在兩腳上的重力是否平衡？	☐ 是（0）	☐ 否（2）

加加看你得幾分 ＿＿＿ 點

　　步行時，要保持重心在兩腳上都是由後腳跟向腳尖移動，並且使位於腰部靠上的重心保持不動，因此腰部不可過分上下左右搖晃，一般走路姿勢不好的人必定是身心某處有障礙，最好儘早加上注意並改成正確步行方式，以免未來問題更多。

　　還有，呼吸方式不正確或身體狀況不佳的人，向後退是很困難的，您不妨試試看。

3.背貼牆而立

姿勢不好的五種類型

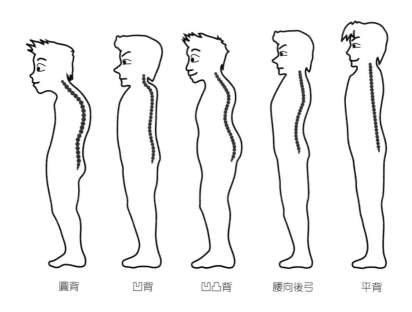

| 圓背 | 凹背 | 凹凸背 | 腰向後弓 | 平背 |

站立自我檢查重點

1. 保持收下顎站立的姿勢是否感到痛苦？　　　　　　　□是 (0)　□否 (1)

2. 肩部不用力能充分下垂嗎？　　　　　　　　　　　　□是 (2)　□否 (0)

3. 頭後部、肩、臀小腿肚是否能貼緊牆站成一直線？　　□是 (1)　□否 (0)

4. 分布在兩腳上的體重均衡嗎？　　　　　　　　　　　□是 (1)　□否 (0)

5. 是否站立時成圓背（亦稱貓背，如圖所示），腰是否向前彎曲？　□是 (0)　□否 (1)

6. 是否凹背（如圖所示）？也就是胸部過分前推，腰向後弓。　□是 (0)　□否 (1)

7. 是否有5、6點合併的凹凸背情形？　　　　　　　　　□是 (0)　□否 (1)

8. 腰是否後弓（如圖所示）？有點像凹背但身體重心線通過骨關節。□是 (0)　□否 (1)

9. 是否平背（如圖所示）？也就是脊柱沒有正常人所呈現的S彎曲。□是 (0)　□否 (1)

加加看你得幾分

＿＿＿＿ 點

擁有好姿勢的條件

1. 站立時，脖子總是向後上方提升的感覺

2. 呼吸要充分（最好是腹式呼吸，長吐氣爲主），吐氣時有肚臍向脊柱靠攏的感覺。

3. 收緊肛門（不是夾臀），並有臀部上提的感覺。

4. 感覺眼睛總是看著5、6米的遠處。

5. 增強自信心的方式：把一本厚重的書放上頭部（如圖），然後像前走10步，向後走1步，這也是培養美姿美儀的基本方式之一。

書放頭上走路是練習美姿美儀的基本方式之一。

4. 坐到椅子上

自我檢查重點

1. 臀部完全坐到椅子上了嗎？ 　　　□ 是（2）　　□ 否（0）

2. 體重有沒有加在椅背上呢？ 　　　□ 是（2）　　□ 否（0）

3. 兩耳有在肩的正上方了嗎？ 　　　□ 是（1）　　□ 否（0）

4. 脊椎有沒有前弓呢？ 　　　　　　□ 是（0）　　□ 否（2）

5. 左右肩水平嗎？ 　　　　　　　　□ 是（0）　　□ 否（1）

6. 是否坐著就想翹腿呢？ 　　　　　□ 是（0）　　□ 否（2）

加加看你得幾分 　　　　　　　　　　　　　　　_____ 點

　　坐姿是現代人除了睡覺之外可能保持時間最長的姿勢，比如：吃飯、閱讀、看電影、聽音樂會、演講、看球賽、在家看電視、坐辦公桌、開會等，不論是工作、學習或生活中，每天的坐姿時間都相當長，因此，正確的坐姿相當重要喔！

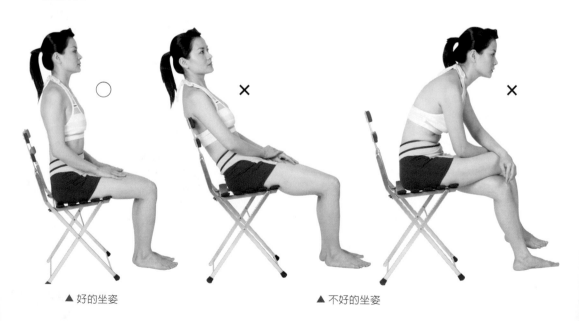

▲ 好的坐姿　　　　　　　　　　　▲ 不好的坐姿

5.坐到地板上 （撇腿側身坐）

自我檢查重點

1. 脊柱能挺直嗎？ □是（0） □否（2）

2. 兩耳在肩正上方嗎？ □是（2） □否（0）

3. 脖子和臉不向左或向右有傾斜嗎 □是（0） □否（3）

4. 左右肩水平嗎？ □是（3） □否（0）

加加看你得幾分

＿＿＿＿ 點

看看自己是否左右均衡

1. 兩手交叉（如圖）看看你的手是右手在上還是左手在下呢？

2. 坐到椅子上，兩腿交叉，看看你是右腿在上還是左腿在上？

3. 最後撇腿側身坐，是「左坐」還是「右坐」呢？

4. 接著以剛才相反的方式坐以上三個活動，看有沒有什麼差別或身體感覺如何。

由於人有左邊靈敏與右邊靈敏之分，所以每個人都有自己習慣的方向，尤其許多運動或職業都更容易造成單側過度使用的傾向，經常會造成肌肉發展不同，肌肉用力不均衡，最後會使脊椎彎曲造成身體許多問題。

◀ 撇腿側身坐。左坐和右坐沒有差別的人，非常不錯

◀ 兩腕交叉查看自己是否左右平衡

6.正坐與盤腿坐

盤腿坐自我檢查重點

1. 脊柱完全伸直了嗎？	□是（3）	□否（0）
2. 兩耳在肩的正上方嗎？	□是（2）	□否（0）
3. 脖子和臉有沒有向左或向右傾斜呢？	□是（2）	□否（0）
4. 左肩與右肩水平嗎？	□是（3）	□否（0）

加加看你得幾分 ＿＿＿＿ 點

　　盤腿坐比側身坐對身體的不良影響少，但此姿勢會造成脊柱彎曲，尤其是腰椎，因為習慣如此坐會形成「貓背」，易引起腰痛，頸背緊痛，且腰部下垂壓迫腸胃，會引起許多毛病。

　　正坐自我檢查要點

　　1. 前4項與盤腿坐相同。

　　2. 兩腳腳趾是否會交疊呢？

　　長期正確的坐姿，可以起到矯正作用。

　　在瞭解正坐之後，不妨進一步做下面的測試。

▲ 盤腿坐

▲ 正坐

◀ 轉脖子

　　1. 慢慢地把脖子向右轉，在充分轉動伸展區的位置停留10秒鐘，然後回到原處。

　　2. 在向反方向轉，也在轉動最大位置停10秒鐘，再回到原處。

　　3. 感覺一下哪一側轉比較困難？

　　4. 站立，身體向側面彎曲，在右側最大位置停10秒鐘後，然後在左側最大位置停10秒鐘。

　　5. 哪一側較難？是左？是右？

▲ 側彎

7.檢查睡著的姿勢

人生1/3的時間是在睡眠中度過，睡覺的姿勢好不好在人的一生中起著決定性的作用。

睡姿自我檢查重點

1. 仰臥時，下巴會不會上仰？　　　　　　　□是（0）　　□否（2）

2. 腰是否過分揚起？腰下是否可以放入拳頭？　□是（0）　　□否（3）

3. 脖子和兩肩是否都貼著床呢？　　　　　　　□是（3）　　□否（0）

4. 能夠一動不動地仰臥5分鐘嗎？　　　　　　□是（2）　　□否（0）

加加看你得幾分　　　　　　　　　　　　　　_____ 點

▲ 躺在硬地板上檢查。貓背的人下背會上突，
　結果腰貼不著地板。

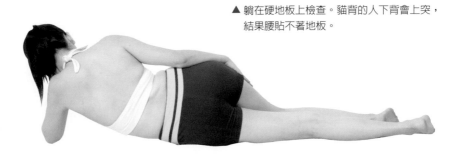

▲ 側彎會使脊柱彎曲

左側臥或右側臥的舒服度
與肌肉張力及脊柱是否轉
位有關，所以人體會自然
以姿勢來作平衡。

76

　　仰臥時，連5分鐘都受不了的人，就可能是貓背或脊椎側彎明顯的人，尤其是躺下時腰與床間隙過大，拳頭可以放進去的人，易引起腰痛。

　　側躺時（如左頁圖）若用手腕或手掌做枕頭，看電視時若長時間保持這樣姿勢，那幾椎當然會受不了，引起許多內臟疾病。

　　若是不用手腕或手掌坐枕頭的側臥睡眠，是可以的。常見到動物都以捲曲側臥方式睡覺，不過基本的睡覺姿是最好還是盡量仰臥，兩手和兩足稍微張開。

8. 測量左右手足的長度

　　用尺測量左、右兩腿從踝骨到大轉子骨（左右骨盆最突出的位置）的長度。

　　兩腿長度不一，可能是有股關節大轉子半徑位或腳踝周圍軟組織張力不平均造成，如此會造成五臟六腑的一些疾病，因此要保持正確的姿勢，才不會造成左右不平均。

　　左右手長度不一，可能與肩關節及股關節軟組織病變或張力不平均有關，若有此一情形，要盡早矯正。

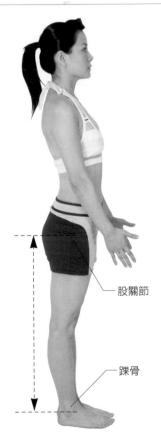

股關節

踝骨

左長或右長與骨盆（髖帶）是否轉位、偏移前、後，股骨大轉子是否脫位以及阿基里腱是否受傷或僵緊至兩腳跟形狀變異有關。

9.檢查彎腰與腳

自我檢查重點

1. 在站立的姿勢下前屈　　　　　　　　　□可（3）　□否（0）

   指尖能順利地觸摸到地板就行，前屈時如果腰痛，要注意是否閃到腰或椎內盤突出。

2. 站立，然後後屈　　　　　　　　　　　□可（3）　□否（0）

   平常不要突然快速地向後彎腰，慢慢地做，以不產生疼痛的程度慢慢向後彎。如果幾乎不能後屈，不是椎間盤突出，就是閃腰或腿部肌肉過度僵硬拉緊。

3. 用腳尖站立　　　　　　　　　　　　□容易（2）　□不容易（0）

   也就是如女性穿高跟鞋走路的姿勢，不能保持此姿勢的人，是第一骶骨的椎間盤突出。

4. 腳後跟站立　　　　　　　　　　　　□容易（2）　□不容易（0）

   此姿勢是用腳跟做支點，做此一姿勢有困難的人是第五腰椎間盤突出。

加加看你得幾分　　　　　　　　　　　　　　　　　　_____ 點

注意

以上動作中老年人在操作時務必慢慢做。

▲ 鞋子右側磨損：可能是走路外八或習慣拖著走的人

▶ 先站立，然後彎曲

10. 檢查照片

拍張大頭照，好好檢查一下自己吧！

照片自我檢查重點

1. 脖子歪曲，左右肩不水平（做X光檢查時，也能清楚地看到這種情況）　□是（0）　□否（2）

2. 左右胸是否有明顯的不平均？　□是（0）　□否（2）

3. 兩眉是否上下高低有明顯差異？　□是（0）　□否（2）

4. 左右肩是否水平？　□是（2）　□否（0）

5. 鼻子、喉結是否成一直線？　□是（2）　□否（0）

加加看你得幾分　　　　　　　_____ 點

檢查身體力量的分配是否均衡

1. 姿勢是否端正？

2. 脖子有無傾斜？

3. 脊椎或腰是否變成弓型？

4. 肩膀是否須是朝前而不平？

▲ 脖子歪曲

▲ 正常

▲ 左右肩不平衡

5. 走路時一顛一顛地上下晃動。

6. 走路時左右不搖晃。

7. 乘捷運或公車時就想坐下。

8. 蹲的時候比站的時候多。

9. 正坐時感到痛苦。

10. 搬東西時，左右手是否能一同用力？

11. 下蹲時，左右腳是否同樣平均？

12. 走路時，左右腳是否同樣靈活？

13. 手用力時，左右腳是否同樣靈活？

　　無論是誰，只要有程度上的差異，就是身體力量使用分配不均勻，因此，要儘早注意自己的不均衡，並加以修止。

綜合評估表

	檢查項目	現在	一個月後	兩個月後	三個月後
1	站立	點	點	點	點
2	步行	點	點	點	點
3	貼牆而立	點	點	點	點
4	坐到椅子上	點	點	點	點
5	撇腿側身坐	點	點	點	點
6	盤腿坐	點	點	點	點
7	躺下	點	點	點	點
8	左右的長度	點	點	點	點
9	彎腰	點	點	點	點
10	照片	點	點	點	點
	總　　　分	點	點	點	點

評估與建議

■得分80分以上

這類人基本上不用擔心有關姿勢方面的問題，不過仍要積極的參加體育運動，加強鍛鍊。

■得分50～79分

數值雖在平均以上，但一定有某個地方不平衡，要弄清楚自己的弱點在什麼地方，並按正確方式進行矯正。

所以，也許你現在看上去很健康，但這種不平衡的弊病，遲早會使身體健康狀況惡化。平常要多注意姿勢正不正確，進行合理的運動和鍛鍊。

■得分50分以下

一旦某一處不協調，就有可能引起頭痛或肩膀痠痛、腰痛、腸胃消化不良、耐力不足、睡眠不足等不良狀況。

身體狀況不良的人，應該即時接受專門的治療。另外，以運動和鍛鍊作為治療不平衡的先決條件，要一邊進行矯正，一邊進行鍛鍊。

到處都可以做關節體操

現在，請檢視你的生活型態，找出哪些是平日已經在做的運動型式？

走路

每天從早上一覺醒來到晚上上床入睡前，都在身體活動，但如何將此身體活動有效率？答案就是要多做做獨立性關節靈活運動。

簡單分析

身體軀幹系統：放鬆打直、挺胸縮腹。

頭頸部：頸背打直，收下巴。

手部系統：手臂各個關節放鬆，自然擺動，關節靈活。

足部系統：足部順序，腳跟→腳掌→腳趾

步行解析研究觀點：

1. 體幹的上下運動（髖帶部、肩帶部）。

2. 下肢關節運動（足部系統）。

3. 大地的反作用力（由腳指傳遞）。

4. 重心的變位。

5. 步行的瞬間速度。

6. 腰部的捻轉。

7. 步行卡路里消耗量。

8. 步行肌肉筋電圖。

正確的步法是很優美的

所謂正確，是指合理、不浪費而效率高，所謂美麗，也包含了形式，機能以及生存的姿態在內，所以，有句話說：「漫步在雲端。」就表示步行的優雅與身心舒暢享受。

正確步行的五項要點：

以伸直上體的姿勢，身體任何部位不過分用力，以悠閒安穩的心情用輕的步伐痛快地走。但是，這樣的走法說比做更簡單，所以，在此把步行分解成五個動作，變成前後流暢的「走」的動作。

基本的要求為腰確實伸展（挺腰收腹），如果腰彎曲了，就不能確實支撐體重，甚至無法伸直上半身。因此，想正確地走，必須以伸展的腰為中心（丹田區），而五個動作為其結果。

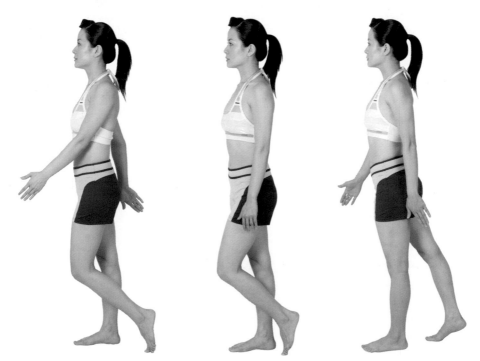

▲ 正確的步行方式，要挺腰收腹，以腰為中心，伸直上身及膝蓋，自然地揮動手臂

Step1　以伸直上體的姿勢走（上半身姿勢）

首先是姿勢，走路時必須上半身伸直，收下巴，頭抬高，兩間向後拉（挺胸，加大胸擴，使肺呼吸更順暢，容量加大），然後把脊柱伸直，腹部略收。

這種姿勢向是用胸走、用腰走，因爲這等於把胸腰略向前堆出的感覺，而不是以完全直立的姿勢走，是採略爲向前傾斜的姿勢。

Step2　走路時膝伸直（下半身姿勢）

其次，走路應把膝伸直，但並非將膝部用力鎖緊使動作僵硬，而是以伸直的膝放鬆的走（此步與Step1相連結）。

走路膝伸直，可以加大步幅，不過，不同的人有自己最輕鬆的步幅，所以，應設法在輕鬆的步幅範圍之最大步幅來走。

與Step1相連結的方式是上身略向前傾並踢著後腳走，若如此，則前腳膝關節自然伸展，步幅也會增大。

強調走路時伸直膝的作用在於伸膝時上身會自然變得筆直，也能加速。結果，可以減少疲勞感，若走路時不伸膝，則負擔只會落在腳的一部份肌肉，容易疲勞，加速腳肌衰弱。

Step3　走路時從腳跟落地，此時，腳跟先承受體重，再來透過整個腳底從腳跟向腳尖「滾轉」，以地移動體重，最後移到腳指尖。

從實際走路的情形可以發現，不同人不同運動，都會有不同的運步方式，比如：快速衝刺（100公尺比賽）就僅以腳掌與腳趾尖來運步，這是特殊情形，也無法以此方式跑很久，向慢跑與馬拉松就是以「滾轉」方式爲主要運步方式，均衡地使用腳掌來運步，可以提高步行效率與延長步行時間。

要注意不要用腳跟承受全部體重，在整個腳的節奏中以適度的節奏移動體重才好，也就是說，在前腳落地的一刹那，後腳尖同時蹬地。如此，可以順利移動身體重。

Step4 走路時把腳踏出正前方

把腳踏出正前方，其實是腳掌內側找出一條直線之兩側。這樣會有腳趾多少往外的感覺（這是腳印，實際上由上往下看腳掌是平行的）。

過程是從腳跟落地後，把整個腳底滾轉似的將體重從腳跟移到腳趾，以第一到第三個腳趾為中心向前進。此時，腳掌中心產生彈性作用，使人走的順利。若踢的程度夠大，就可以有把握地挺胸而有節奏地走。

一般所謂「外八字」的走法，因腳趾向外，故以腳跟的「外側」在地，以拇指的內側蹬地，走路時若不踏向正前方，則會形成腰降低、膝屈曲而脊背彎成團的步法。

Step5 揮動手臂走

走路是揮動手臂走為主。常見到許多人走路上肢及肩背皆固定甚至兩手插入口袋中，這是錯誤的，而且容易聳起肩膀，看起來沒精神。揮動手臂的意義在使手足的步行動作適時進行，手與足，本來就有密切關係（也就是兩個肩胛與兩片骨盆），它們會彼此作相關的動作，以左手右足，右手左足的節奏方式一前一後地揮動伸直手足。

以上五個步驟說明了步行的正確動作流程，但最重點是走路時五個步驟要統整為一個調和的動作，就如同游泳動作的流暢感，調和動作的步行，不僅有美感，而且優雅。

爬樓梯

上坡時，我們會以大腿後側肌群為主要用力肌群，下坡時，則會以大腿前側肌群為主要用力肌群。其實，這個道理與游泳的踢水動作一樣，大腿出力，小腿也會傳達力量，膝蓋、腳踝、腳趾都是力量傳達經過的區域，要讓力量傳達的好，就要有好用靈活的關節。

上下樓梯，切記不要彎腰駝背，如果身體重心往前傾，便會加重膝蓋的壓力與摩擦。其實，走路或上下樓梯都要挺胸收腹，膝蓋儘量不要超過腳尖，你將會發現走路、上下樓梯是多麼輕巧。

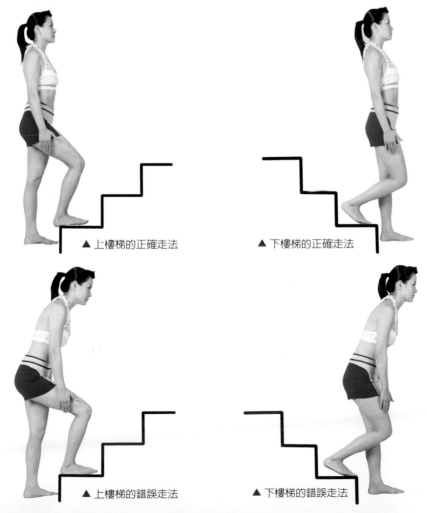

▲ 上樓梯的正確走法　　　　　　▲ 下樓梯的正確走法

▲ 上樓梯的錯誤走法　　　　　　▲ 下樓梯的錯誤走法

開車

　　開車時，全身都會緊張，但手腳使用量相當大，雖不是粗重動作，但是可能造成身體與精神的疲勞狀況。如果有這種情形，建議在沖澡時，先用較熱的水沖五到十分鐘，可以消除身體疲勞；再用溫水沖十到二十分鐘，可以消除精神疲勞。

　　被載的人，常常有股髖部緊張與僵硬的狀況，因此要特別加強足部系統關節的放鬆。

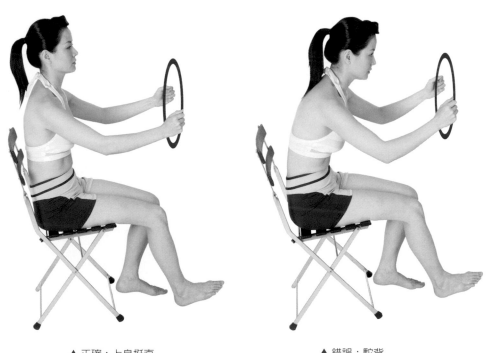

▲ 正確：上身挺直　　　　　　　　　　　　▲ 錯誤：駝背

　　開車的話，手指、腕、腳指、腳踝部位常使用過度，所以要加強這些部位的關節運動，還記得我們教過的手部跟腳部關節運動嗎？（請參考Part 2）

　　如果是搭車的乘客，車內的運動動作不宜太大，也最好不要影響到其他人，最好動動手指、手腕、腳指、腳就好了。

在台灣，駕駛坐在左側，左手右足常使用過度。

等公車、坐公車

公車族基本上都會提、拿著或背著東西，使上半身手部系統僵緊，因此要特別加強放鬆這個部位的運動。而經常穿高跟鞋的女性上班族，要特別加強小腿前段關節的放鬆。

如果提早十分鐘到車站，可以趁等車的時候做整套的關節運動。在公車上坐著的話，可以用坐姿操作的方式來進行關節運動，動作不需要太大。

×

○

▲ 錯誤姿勢：等公車時，背皮包，姿勢歪了　　　　　▲ 正確姿勢：二隻腳交叉或平行

▲ 正確姿勢：兩腳平行　　　　▲ 正確姿勢：交叉站立　　　　▲ 正確姿勢：有點内八

坐姿

　　正確的座姿是挺胸收腹、腿平放（如圖），因為坐著的時候髖帶會受到上半身極大的壓力，常見到許多人挺腰是將下背內收造成脊椎旁兩條大血管往下半身輸送的效率失常，因此收腹可以完全改善此一現象，當然，坐姿就算正確，也不建議坐過久，每坐一段時間（最好勿超過兩小時）就該起身走走動動，活絡一下下半身的失序。

　　錯誤的姿勢會造成身體局部或區域性氣血循環不良。不論你是在辦公室、讀書、坐在沙發椅上，站起來的時後經常會發現不順暢，感覺關節緊緊的。老年人有時甚至從座位上站起來都會覺得困難。

▲ 臀部全部坐入椅子內，適合做臀部
　以上的關節運動

▲ 臀部坐一半在椅子內，適合做臀部
　以下的關節運動

洗澡

　　洗澡是保養關節的最佳時刻。前面提過可以用沖澡的方式消除身心疲勞。由於疲勞是肝功能下降的狀況，也是關節周圍肌腱韌帶開始變緊的時刻，所以在沖澡的時候，除了對每個可動關節做靈活運動，還可以用水柱或用手去按摩關節周圍及前後（第參考88頁的沖澡方式）。這樣洗完澡之後，絕對讓你全身舒暢。

　　如何在洗澡時保養關節？

1. 仍可依關節靈活運動順序用沖澡方式由手→頭頸→足→軀幹的方式來做全身。

2. 手足冰冷的人，可以用熱水泡手掌與腳掌3~5分鐘。

▲ 洗澡的時候可以用手去按摩關節周圍

睡覺

　　睡眠時間佔人一生的三分之一，幾乎等同於工作時間。因此，身體是否柔軟靈活，會影響個人的睡姿與睡眠品質。

　　當一個人入眠時，並沒有意識狀態。因此，就只有身體無意識與非隨意的生理活動（呼吸、心跳、血液循環）與睡姿。

　　舉例來說：有些人在睡前一直會覺得怎麼躺都不恰當，翻來覆去又認為枕頭也有問題，結果，不但淺眠又經常失眠。這都與身體是否有放輕鬆有關，能放鬆自然睡姿就出來，不論是正躺、趴著或側躺都可以。所以，建議大家睡前花幾分鐘做一套關節體操，保證一覺到天亮。

　　躺在床上，四肢的動作除髖部只宜前述動作外，頭頸可以用左右伸展方式運動，軀幹可以上下左右移動的方式來替代，同樣有靈活關節的效果。

▲ 躺著也可以操作關節運動

工作時也要做關節體操

　　以長時間工作者而言，下半身最容易產生瓶頸，如果又無法時常起身動動，則可以用坐姿獨立性關節運動，而且全身可以操作，甚至邊講電話時，右手側握話筒，左手也可以開始操做，足部就更不是問題了，從動動腳趾開始吧！

長期坐在辦公室內的電腦族

　　長期坐辦公室的電腦族，因為在打電腦時，敲打鍵盤的手部系統過度使用，容易造成過度乳酸堆積；而長期坐在椅子上，使得足部系統過少使用，容易造成血液循環不佳。此二者都會造成「關節瓶頸」，所以要常做手足關節靈活運動來改善。而長時間使用電腦鍵盤的人若是不好意思站起來運動，一定要動動手指、手腕哦！

站起來先做做伸展運動吧！

長期站立、在外奔波的跑腿族、整天站立辛苦的服務人員

　　常見到長時間站立的工作者（如櫃檯接待、專櫃人員），與在外奔波的跑腿族（如業務、行銷、推廣人員等），都在長期腿部疲勞之後造成腿部血液循環不良或靜脈曲張。

　　因此，足部系統關節的靈活就顯得非常重要，建議長時間站立工作勞動的人，除了每日兩至三次獨立性關節靈活運動之外，晚上洗澡時，一定要多少泡腳來消除腿部疲勞。

長時間站立或走路，容易引起腿部疲勞及靜脈曲張，所以要加強腿部放鬆。

打拼的勞工朋友

勞力工作者必須要有過人的體力，常在電視唱看到許多可以補充體力增強體力的一些藥酒等飲料都是消極的做法，加上勞力工容易發生意外或人爲的職業傷害，因此，要使身體能夠更耐用、更好用，靈活的關節就顯得很重要喔！

全身疲勞比局部疲勞易解

局部疲勞是因爲慣性而不斷累積所形成，而且局部疲勞者通常不會立即休息，即使暫時舒解，再恢復身體活動之時仍然會再度累積疲勞，這就是爲何局部疲勞比頻勞難解的原因。因爲全身疲勞時，一般人便無法再進行太多身體活動，一定要足夠休息後才能恢復。

勞動工作者由於會有些重複進行或持續進行的動作，如負重、大量步行、上下樓梯、蹲過久、使用重工具等等，使身體關節前後的軟組織（如肌腱、韌帶、肌肉等）因過度使用而疲勞僵硬，尤其是肌腱與韌帶更容易緊繃難鬆弛，累積許多疲勞物質在其中，加上大部分勞工朋友並未具備身體保養的觀念，更造成進一步的勞損。

身體既然是謀生工具，就應該更善待它，讓身體更好用。而有許多勞工朋友喜歡喝提神飲料，這一類東西久了就會上癮，對身體不佳。其實消除疲勞最好的方式就是：利用時間做全身關節運動。此外，睡覺前做幾次深呼吸也有舒緩疲勞的效果。

特殊族群的關節體操

身心障礙者分先天與後天兩大類,又分肢障、視障、身障或多重障礙者,既然被稱為身心障礙就表示此族群在身心表現上不能順暢表達。

身心障礙者:關節運動是平衡運動

1. 聽障者:此族群在進行教學時,必須有一個手語人先告知聽障者與關節運動的指導者一同動作,此運動在教學時進行相當順利。

2. 視障者:此族群與肢障者或坐輪椅者之教學方式相同,指導者親自為視障者身體做關節運動,讓視障者能明瞭操作方式,進而能重複學過的動作而達到關節靈活的目的。

3. 身障或多重障礙:只要指導者熟知操作方式,身障或多重障礙者大多是被動學習,依教學經驗身障學習者一樣能在一次或短時間(一天內)就可以學會此套運動。

案例:聽障協會教學實況

進行方式:由一名手語指導員在台上先用手語告知聽障者將要進行運動學習,或適用入場時就以講義指導方式告知聽障者將進行關節靈活運動學習。

學習成效:(以一次學習來評量)

1. 關節比較靈活,又發現某些關節要加強運動。

2. 有些可動關節區在運動時會疼痛或吱吱作響。

3. 運動信心提升。

4. 願意再度操作或學習。

聽障學習者心得：

1.因爲聽不到或聽不清楚所以經常聳肩、駝背，這套運動提醒我要注意姿勢。

2. 好棒！坐著也可以學，動作又簡單，今後可以有簡單易做的運動可以天天做了！不在因聽力障礙而造成運動學習障礙。

3. 聽不到之後，平常都不敢到處走動與運動，久了也失去體力及信心，這套運動好簡單，我一定會天天做。

4. 有醫生告訴我聽障與退化及老化有關，使我信心低落，現在居然可以全身運動。

老年人：加強身體活動度、靈活度、身體掌控度

老年人（65歲以上）通常關節比較不靈活，且許多老年人在關節又有長年的疾病或傷害（如膝無力、骨刺、退化性關節炎、痛風、骨折、扭傷、中風等），造成老年人對運動沒有信心，尤其是當雙腿無力，膝部退化，難以行走時更會使老年人失去心理支持。根據筆者經驗，許多老年人也曾學過許多種各式各樣的運動，但多數都未能養成規律性運動習慣，因爲老年人大多不願意去記憶，每次學習，像玩遊戲一般，玩完就忘了。

而「獨立性關節靈活運動」可以迅速使老年人回復運動信心，加強他的身體活動度，近而改善老年人靈活度與身體掌控度，即使老年人有一些長期的慢性病（如高血壓、心臟病、糖尿病等），仍可以從事此套運動的學習與操作，還可以有效改善某些慢性症狀。

案例：三芝鄉三和社區老年人規律運動的習慣養成活動

本套關節運動在台北縣三芝鄉爲其社區65歲以上的老年人做充能（Empowerment）活動，目的使老年人能養成規律運動習慣，在此運動介入前，此社區已經進行超過十種以上的運動（如氣功、太極拳瑜珈、導引、國際舞、

土風舞等等），但是都失敗。再加上老年人體脂肪皆高，高血壓患者也多，因此也不適合從事劇烈運動，在筆者與三芝鄉衛生所及陽明大學某研究所合作進行「社區老人規律運動習慣養成計畫」，經過數次的教學，半年的追蹤，三和社區老年人確實養成獨立性關節靈活運動，達成規律運動習慣，每天運動兩次，所達到的成效是：

1. 平均體脂肪降5-12%（原來平均30%以上）
2. 關節靈活
3. 49名患高血壓老年人，只剩2名未回到正常血壓，47名回復正常。
4. 做此運動的老年人皆感覺更年輕，並詢問是否有可再進階的運動。

運動傷害的人怎麼做？

以人體外型結構來看，每一處可動關節都是可見的「瓶頸」，而關節中有血管、神經學主要組織及肌腱、韌帶、肌肉及體液，假如關節區有損傷，人體肌肉收縮所產生的功能難以經由關節傳遞而產生動作，甚至連相關區域的肌肉都難以有效地收縮，尤其關節損傷需要復原的時間至少為肌肉損傷的兩倍以上，所以，關節靈不靈活非常重要，它直接代表人體的體適能指標——靈活度（柔軟度）與活動度。

一般急性運動傷害，還是以P.R.I.C.E.或R.I.C.E.[註] 的方式進行處理，但少數人的運動傷害是慢性的，而且經常造成功能不佳或變成甚至多次再損傷，最後造成退化、萎縮，而關節運動的主要動作為「轉動」，可以有效將受損的關節區靈活開來，使血液循環及神經傳導正常，力量的傳遞也會提高效率，舉例來說：從事健身運動，負重的動作要進行，相關關節區一定要正常甚至強壯，否則難以進行肌肉力量與肌肉耐力呈現的運動，而關節受傷的人是難以做出負重動作的，手與足皆不例外。

注釋

P.R.I.C.E.：保護、休息、冰敷、加壓、抬高
R.I.C.E.：休息、冰敷、加壓、抬高

臨床實驗調查結果

經臨床評量「獨立性關節靈活運動」，確實可以有效改善人體可動關節區域與全身的活動度、靈活度與掌控度。

操作一次的效果

根據臨床與教學經驗，大多數學員在操作一次獨立性關節靈活運動之後，普遍都能感覺到改善的情況。

1. 關節比較靈活
2. 體溫上升、微微出汗
3. 運動信心增加
4. 感覺較容易做伸展運動
5. 願意經常操作
6. 此運動值得大力推廣
7. 可以發現自己不靈活的身體區域

操作多次的效果

筆者曾經以獨立性關節靈活運動長期訓練台北市刑大特勤中隊，及爲台北縣三芝鄉三和社區65歲以上老人規律運動習慣養成的案例，追蹤學員運動效果可以發現，大部份的學員感覺到改善的狀況。

1. 慢性病症狀減輕（例如高血壓）。
2. 慢性傷害漸漸復原，特別在關節區。
3. 體脂肪下降。
4. 體重減輕。
5. 感覺有活力。

6. 全身肢體靈活、舒暢。

7. 想要多學其它種運動。

霹靂小組慢性傷害之治療與復健

　　大部份的人都經歷過關節受傷，但完全康復者卻寥寥無幾，不論是經常運動或缺運動的人，都有如此的困擾，筆者經常在對外的教學（如：醫院、寺廟、研討會、展覽、學校、大型活動、警消人員、志工、公司機構及個人等）中發現，可動關節區的慢性傷害對許多人困擾極大，比如：經常酸痛、無力、功能失常、腫脹、發炎、對運動失去信心、傷害引發其他病症（如：內分泌失調、甲狀腺亢進、心悸、胸悶、血壓不正常、心律不整等）。這些情形，使大部份傷者姿勢不良、運動信心減退、運動能力下降，當然，也造成健康情形的日漸衰落。

　　因此，以台北市特勤單位警務人員——霹靂小組（62人）做實測研究，先以問卷調查22處可動關節區是否有傷害，再測量其功能（肌力、肌耐力、柔軟度），完成後，施以三個月之獨立性關節靈活運動操作（每日1~2次，每次約10分鐘），最後再以問卷調查及功能檢測來做前後之比較。

　　研究結果顯示，在人體22處（左右手臂：共10處，左右腿：共10處，頭頸區：1處，軀幹區：1處）可動關節區做「區域獨立」之關節旋轉運動，確實可安全、有效促進。

1. 慢性傷害區肢體適能（肌力、耐力、柔軟度）提昇。

2. 傷者對傷處運動或活動之信心增加。

研究結果發現：

1. 慢速關節活動成效遠大於快速關節活動。

2. 先操作本套運動，對伸展運動有促進效果。

3. 操作此套運動後，體溫會上升，身體微微出汗，是相當好的準備運動。

　　未來希望此套運動能與其它復健運動相互配合，本研究以62位警務人員做三個月研究，雖然結果是令人滿意的，但更希望此運動能推廣到所有人。

　　以一套經由臨床慢性關節傷害治療、復健、醫學工程臨床、肌肉運動鍛鍊、伸展操、運動教學等所設計出的運動——獨立性關節靈活運動。對人體可動關節區之慢性傷害做復健研究。目的在探討人體可動關節區有慢性傷害時，此運動是否能安全、有效地達到復健效果。

　　由62爲警務人員以慢性傷害爲主的問卷調查（一）中顯示：

手臂系統受傷率：90.3％

頭頸區受傷率：80％

腿部系統受傷率：93.5％

軀幹系統：55％

　　其中以手臂系統與腿部系統佔大部份，每個可動關節區發生又以手臂之指、腕及腿部之踝、膝爲主。

　　如此顯示，可動關節區之慢性傷害比例極高，且即使傷者曾經去檢查或治療，皆爲能完全治癒，因此，當傷者填寫問卷時，立即就能夠完整回答。由問卷調查（二）中顯示，經三個月實行獨立性關節靈活運動與體適能之前、後測差異來回覆，感覺22處可動關節區慢性傷害有復健成效達100％，如此可初步確認此運動有助於慢性傷害之復健。

　　此運動顯示除了有助於慢性傷害復健之外，原本傷者對傷處運動與活動之信心也大幅提昇，特別是手臂系統與腿部系統之運動信心。

　　經由三個月的獨立性關節靈活運動，所有參與者對其個人姿勢與柔軟度皆感覺大幅改變，耐力也明顯增加。

　　參與者對本運動之滿意度極高，雖然慢性傷害的程度是每個人不同，因此在復見成效上，每個人也是進步不一，但至少已體適能前後測對此運動做復健成效評估，是一項極理想的方式。

　　此運動以緩慢方式操作，可以將較深層之軟組織做較完整的活動，尤其是

關節區的肌腱、韌帶，操作者以慢速旋轉明確感覺比快速旋轉操作更完整、更靈活，也認為更安全。因此大多數人在自覺身體某些部位僵硬或不靈活時，都會急著想要放鬆，所以在動作上都會做得太急，因此而造成傷害。

先做完此套運動後，再操作伸展運動，所有參與者也一致表示更容易伸展，甚至在第一次學習此套運動之後，大部份參與者都已感覺到可動關節區更靈活，柔軟度也增加。

一般可動關節區之慢性傷害，發生情形都不相同，但相同的是，傷害就在可動關節區，因此，此套運動對可動關節區做獨立區域操作，是一般人平時未能去注意或施行的。再者，關節之於人體就如同「樞紐」，但卻經常造成「瓶頸」，以獨立區域方式來做旋轉，很容易就可以將瓶頸打開，這也是為何操作完此運動，會感覺體溫上升並微微出汗。

許多傷者的可動關節區障礙在於受傷後，未能做好安全而有效的復健，致使傷處之軟組織產生粘連、僵硬或纖維化，這些情形更容易使傷者不敢去活動傷處，造成惡性循環，此套運動由於相當輕柔、又不求快，且獨立操作，使參與者在施行時並不會有太大的心理壓力。本研究，以質性討論居多，在數據化的量方面，是未來可以再進一步研究的空間，尤其在體適能前、後測的方式，可以更進一步發展更安全、有效的檢測方法；在本研究所使用的方式，以比較檢測可動關節區之「功能」是否有進步為主，未以大量數據化表現，由於本研究僅以特定族群（警務人員62人）來做樣本，控制已相當不易，但所幸前後結果仍令人滿意。

許多人運動前從不熱身，也未注重安全，只重有效與訓練，使運動成為傷害的主要來源，期望未來在「運動教育」中，「運動安全」不再只是口號，而每個人都能夠確實去實行。

此運動具有「保養」的功能，亦即，不論任何人是否有受傷或正常，都可以隨時隨地操作（可站姿、坐姿、臥姿），自己做或替別人做（如臥病在床者）。因為「保養」就如同「預防」，而「預防就勝於治療」！

血液循環不佳的人

所謂「血」，就是隨著「氣」循環的紅色液體，它的功能爲專司營養輸送，是在體內循環，保護身體的內環境穩定機制。

「血」無法正常地流動或處於凝滯狀態就是血液循環不佳，而那些有些徵兆或症狀是屬血液循環不佳呢？比如：靜脈曲張、眼圈有色素沉澱、支端水腫、臉色偏黑、皮膚粗糙、皮下溢血、手掌紅斑、肛臍四周壓痛、抗拒感、痔瘡、月經異常等等，以上這些都是血液循環不佳的現象。

常見到許多女性，早上起床，兩腳感覺正常，但到了下午，兩腳浮腫，水水的，像這樣的情形是水份代謝異常，也是血液循環不良。

前面提到關節就是「瓶頸」，既然是瓶頸就會產生不通順，因此血液循環與神經傳導會因此而效率不佳，力量的傳遞也會大打折扣，肢體的活動能力也會不正常，所以做慢慢的關節轉動，可以將瓶頸慢慢鬆開，每天做此運動一或兩次，可以明顯改善血液循環不良的症狀。

臨床治療成功案例：血液循環不良

血液循環不良與造成自律神經失調、內分泌失調、免疫系統功能下降的成因有直接關係，筆者在爲血液循環不良的人做健康規劃之時，會以足量飲水（每小時喝200-250cc乾淨溫開水，每日10-12杯），深呼吸（以長吐氣爲主），再加上關節靈活運動，以此方式配合來做2-3個月就明顯改善血液循環不佳的情形，其實，重點是大多數人缺乏耐性所以不會成功。

而成功案例三芝鄉65歲以上某村莊的老人以獨立性關節靈活運動，做規律運動習慣的養成。結果，每天做2次（每次約10分鐘），規律地施行了半年，有些老人的高血壓都奇蹟地復原了！

血壓與血液循環也是直接相關的，把關節瓶頸打開，自然壓力降下來回復正常囉！

休閒生活運動法

逛街

　　逛街一般為喜愛血拼的女性所熱衷，她們逛街時經常會穿著高跟鞋，而高跟鞋與一般鞋子不同，因此，正確的高跟鞋走法就相當重要。

　　許多女性走路仍是外八字，也就是腳跟著地時間較多，如果女性走路外八又穿高跟鞋，很快就會腳痠，且走路時鞋跟摩擦地面的聲音又會很大，不但走起來不優雅，聲音也很吵雜。

　　那怎樣提正確的走法呢？依照模特兒走台步，以高跟鞋走路時，基本上腳跟並不著地，也就是以腳掌與腳指接觸地面，而形成婀娜多姿的走姿，這是女

穿高跟鞋與一般鞋子不同。

正確的高跟鞋走法，要以腳掌與腳指接觸地面。

性眞正想穿著高跟鞋逛街時的眞正目的。

其實，眞正的走法與正確步行相同，只是足跟著地的時間可以再短些，但以高跟鞋走一段時間之後，小腿阿基里腱會比較僵緊，因此，要多加強足步的關節靈活運動，更建議可以泡泡腳，並按摩一下，效果更優唷！

特別要注意腳趾關節、踝關節與膝關節，肌肉則是大腿腹四頭肌與小腿三頭肌，要特別注意容易因穿高跟鞋而產生的肌肉疲勞。

爬山

爬山基本分成兩種：健行或登山。一般人所謂的爬山，是屬於健行，時間大多半天一天甚至更短，建議久未爬山的人，要先選擇路線平坦且坡度較小的路來爬，否則容易「鐵腿」又上氣不接下氣，破壞了爬山吸收陰離子的享受。

爬山是與自然合而為一的最佳方式

如果你沒有負重去爬山，基本動作就同正確步行一般，如果在連續上坡或下坡時，有兩種建議：

1.側著走，此法安全且膝蓋不會超過腳尖而形成壓力及磨損。

2.左右跨步走，兩腳掌仍成平行，此法膝蓋不會超過腳尖，再者，左足往略右跨時，左手臂則往左後揮，左足往前則右手臂往右後揮，如此再上下坡時就相當輕鬆了。

現代人大多生活在都市中，極度缺乏「陰離子」，而爬山是直接吸收陰離子的最佳方式，因為人體疲勞時會累積許多「陽離子」，所以經常爬山可以將人體過量的陽離子中和。另外，人類是自然的一部分，但卻漸漸地遠離了自然，因此，想要與自然合而為一，爬山自然是最簡單又最容易的最佳方式。

常見Q&A

Q 每一個關節運動要做幾分鐘，才算是達到效果？

A 依臨床經驗顯示，慢慢做，有些人有痠麻的感覺，在關節區被釋放，甚至
會刺激到所動關節的上下關節區，軟組織疲勞被釋放出來。
依效果論，作為暖身與保養，做8×4拍的方式，做30秒；若作為主要運
動，則可以延長每一區之轉動時間（比如，每一區一分鐘），必定汗流浹
背，關節區柔軟。

Q 骨質疏鬆的人可以做嗎？

A 一般有骨質疏鬆症狀或疾病的人，成因有許多，但是重點是少鈣了。大家
也都知道，運動可以促進鈣質吸收，當然促進鈣質吸收與儲存在人體內的
方式還有許多，像日照或食用檸檬或喝檸檬汁，都可以促進鈣質吸收，其
實骨質疏鬆是基於「鈣質流失」比「鈣質吸收」的比例高，而普通治療方
式通常都是補充鈣質，但效果不好，而獨立性關節運動可以將可動關節區
的瓶頸打開，使氣血循環及增進，當然有助於改善骨質疏鬆。

Q 關節損傷的人可以做嗎？

A 當然可以！我們全身的關節都有可能受傷，但可動的關節損傷之後會造成
功能低下或失去功能，除非傷害程度達到完全不能動。否則「關節轉動」
是個可行的復健運動，不但可以活絡關節還可以有輕度的肌肉收縮舒張。
由於關節損傷經常會造成關節區局部退化，但受傷的人經常都沒注意，因

此一直認爲傷還沒醫好，事實上是因爲沒有將它復健與強化之故，在對特勤人員的教學中，曾一直灌輸一個「自我保養」的觀念，就如同他們對自己的裝備做裝備保養是一樣的，其實，不就是那句話：「工欲善其事，必先利其器。」

Q 孕婦、小孩可以做嗎？

A 當然！本套運動在各年齡層、各種性別、各種身體狀況（如中風、臥床、坐輪椅、孕婦、慢性病者等）、各種體位（站、坐、躺臥）都做過教學，其實，重點是「慢」與「轉動」造成「身心感到舒暢」。運動是一種享受，但須選擇方法來享受，選擇就必經學習，安全第一，本套運動在實際操作中完全符合此一要求。

Q 此運動要怎樣配合呼吸？

A 此運動要求以「懷」爲主，因此，呼吸可以「深呼吸」的方式來配合最佳，當然以個人自然的方式也沒關係，但重點是吐氣時要收腹，並儘量能長吐氣爲佳。那如何深呼吸呢？深呼，然後吸氣。

一週的運動量檢查表

	一	二	三	四	五	六	日
上午							
下午							
晚上							

▲空白表格上劃下你的運動記錄吧！

▼舉例（每天至少兩次以上每次至少10分鐘，做全身關節運動）

	一	二	三	四	五	六	日
上午	V		V		V	V	V
下午		V	V	V			V
晚上	V	V		V	V	V	

　　Ps. 依經絡氣血循行，最佳運動時間是上午3點到9點，下午3點到9點，但關節運動由於較低強度，可以隨時做。

中華全民運動健康管理協會

　　人類為了生存，首要的第一步就是追求健康的身體。而在知識經濟的今日，民眾追求幸福人生的型態由豐衣足食的物質生活邁向更圓滿的精神生活，由數字化的財務管理漸漸邁向個人化的健康管理。可惜截至目前，健康管理對大部份國人仍然是個不知所以然的陌生名詞。

　　有鑑於此，我等有心人士成立了一個以非營利為目的的健康管理團體「中華全民運動健康管理協會」。本協會由陸士龍先生廣邀全國各運動協會組織、體委會等、以及醫事、運動、健康相關之專業人才共同成立，其目的在於將「健康管理」予以「明確化」的推廣給民眾瞭解，讓民眾能實行健康管理像作財務管理般地有系統，有目標，可以做生涯的「健康儲蓄」與「健康規劃」。

　　本協會中心幹部包含多位運動、營養與醫事領域的專業人才，期望藉由多項健康專業的結合，彙整出對人們最明確有效的正確觀念，使民眾能瞭解如何掌握健康。協會除規劃出版品提供，同時還規劃各項促進身心健康的活動與服務，提供各項關於健康規劃與健康管理的建議，希望能使民眾在掌握健康之餘，也能瞭解健康的價值，熱愛運動，享受健康人生所帶來的美好。

　　本協會的主要目標在於建立個人與群體的「健康常模」資訊，發展常模資料的建立與健康管理師與相關的認證制度，並將此一健康管理新知推廣給全民甚至全體華人，做教育性的推廣與專業執照的核發與認證。未來並走向國際化，將此一具前瞻性、發展性、可行性的概念推廣至全世界，這是本協會的終極理想。

天天做關節體操

手部關節運動（請參考第48～53頁）

手指關節運動

腕部關節運動

肩部關節運動

肘部關節運動

① 　② 　③ 　④

肩帶關節運動

腿部關節運動（請參考第54～60頁）

① 　② 　③

趾的關節運動

① 　② 　③

腳踝關節運動

  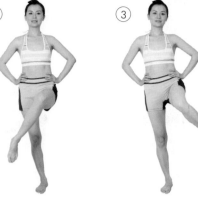

膝帶關節運動

髖關節運動

骨盆關節運動

114

頭頸關節運動（請參考第61～63頁）

① 　② 　③ 　④

頭頸關節運動

⑤ 　⑥ 　⑦ 　⑧

軀幹關節運動（請參考第64頁）

① 　② 　③

軀幹關節運動

健康與運動 05

關節體操入門

—— 給不常運動或討厭運動的人

策劃	中華全民運動健康管理協會
撰文	蔡志一
企劃編輯	吳怡芬
編輯	鄭嘉華
美術編輯	林淑靜
攝影	吳富平
動作示範	歐淑貞

發行人	陳銘民
發行所	晨星出版有限公司
	台北市105松山區民生東路五段198號4樓之3
	TEL:(02)27467115、27467114　FAX:(02)37652856
	E-mail:service-taipei@morningstar.com.tw
	http://www.morningstar.com.tw
	行政院新聞局局版台業字第2500號
法律顧問	甘龍強 律師
印製	知文企業（股）公司　TEL:(04)23581803
初版	西元2005年5月

總經銷	知己圖書股份有限公司
	郵政劃撥：15060393
	〈台北公司〉台北市106羅斯福路二段79號4F之9
	TEL:(02)23672044　FAX:(02)23635741
	〈台中公司〉台中市407工業區30路1號
	TEL:(04)23595819　FAX:(04)23595493

國家圖書館出版品預行編目資料

關節體操入門／蔡志一撰文.－－初版.
臺北市：晨星，2005〔民94〕
　　　面；　公分.

　　　ISBN 957-455-823-1（平裝光碟片）
　　　1. 運動　　2. 運動與健康

528.9　　　　　　　　　　　　　94002833